外商直接投资对北京制造业转型升级的影响研究

作用机理、传导机制与政策仿真

RESEARCH ON THE INFLUENCE OF FDI ON THE TRANSFORMATION AND UPGRADING OF BEIJING MANUFACTURING INDUSTRY

韩景华 ◎ 著

中国经济出版社
CHINA ECONOMIC PUBLISHING HOUSE
北 京

图书在版编目（CIP）数据

外商直接投资对北京制造业转型升级的影响研究：作用机理、传导机制与政策仿真／韩景华著．—北京：中国经济出版社，2019.9

ISBN 978-7-5136-5971-0

Ⅰ.①外…　Ⅱ.①韩…　Ⅲ.①外商直接投资-影响-制造工业-产业结构升级-研究-北京　Ⅳ.①F426.4

中国版本图书馆 CIP 数据核字（2019）第 233226 号

策划编辑　崔姜薇
责任编辑　张　博
责任印制　马小宾
封面设计　任燕飞装祯设计工作室

出版发行　中国经济出版社
印 刷 者　北京柏力行彩印有限公司
经 销 者　各地新华书店
开　　本　170mm×240mm　1/16
印　　张　13
字　　数　200 千字
版　　次　2019 年 9 月第 1 版
印　　次　2019 年 9 月第 1 次
定　　价　68.00 元
广告经营许可证　京西工商广字第 8179 号

中国经济出版社　**网址** www.economyph.com　**社址** 北京市东城区安定门外大街 58 号　**邮编** 100011
本版图书如存在印装质量问题，请与本社销售中心联系调换（联系电话：010-57512564）

前 言

Preface

改革开放以来，外商投资对中国经济的发展产生了深远影响，外商投资的大量进入，缓解了我国经济转轨时期资本积累的不足，在一定程度上提高了劳动要素的质量，也提高了企业的创新能力以及经营管理水平。外商直接投资（FDI）为我国经济发展带来了急需的资金，创造了就业机会，促进了经济增长和产业结构的升级，并为我国产业竞争力的提升提供了一定的基础。长期以来，北京作为首都，是中国的政治、文化、经济中心，地位特殊，拥有强大的科技创新能力和众多的高素质人才，北京的制造业和服务业 FDI 一直呈快速发展趋势，尤其是北京制造业的发展模式，一定程度上可以说是外资驱动型的发展模式。外商以技术、设备合资等方式进入北京制造业，为北京带来了先进技术，结合北京实际加以消化、吸收、创新，对北京产业结构的调整和升级起到了重大推进作用。

统计数据①显示，2017 年，北京制造业实际利用外资 39318 万美元，从分行业外资企业工业总产值占比情况来看，外资汽车制造业，计算机、通信和其他电子设备制造业，通用设备制造业，医药制造业，专用设备制造业这 5 大先进制造业在北京整个制造业中处于主导地位。FDI 已经成为影响北京制造业竞争力的重要因素。但随着经济的不断发展，北京制造业存在的一些问题，如结构性产能过剩、环境污染、创新能力亟待升级等，也影响到了制造业的快速发展以及国际竞争力的提升。

---

① 《北京统计年鉴 2018》

北京未来要建成世界城市，从纽约、东京、伦敦等发达国家的世界城市发展历史来看，虽然其各自的发展路径不同，但绝大多数在全球具有核心竞争力的世界城市其制造业都曾在国际上拥有较强的竞争力。北京要建设世界城市、建设创新型的产业集群、带动京津冀的协同发展、引领中国制造，高水平的制造业是核心因素，是推动地区经济发展、提升核心竞争力的关键。因此，研究外资对制造业市场结构的影响，对制造业产业结构高级化、合理化、高效化的影响，以及对制造业综合竞争力的影响，进而提出相应的政策建议就具有重要的现实意义。本书的研究正是基于这样的需要产生的。

本书以《中国统计年鉴》《北京统计年鉴》等公布的基础数据为依据，建立投入—产出模型研究 FDI 对中国制造业市场结构以及对北京制造业结构竞争力的影响，运用 CGE 可计算一般均衡模型分析外商直接投资对北京制造业综合竞争力的影响，本书的研究成果将为有关决策部门制定外资政策、产业政策提供重要的参考依据。本书的体系结构包含三个部分，三个部分之间是层层推进的关系：

第一部分主要是针对中国 FDI 数量和规模不断扩大的趋势，从产业链的角度运用投入产出模型分析外商直接投资对中国制造业市场结构的影响。以市场结构的一般理论为基础，首先从市场集中度和进入壁垒两个方面介绍中国制造业的初始市场结构，分析制造业利用外资的现状及 FDI 影响制造业市场结构的机理，最后以汽车制造业为例，从市场集中度和进入壁垒两个方面对外商直接投资对中国汽车制造业市场结构的影响机理进行经验分析。模型研究主要是根据里昂惕夫的投入产出框架，结合 2005 年、2007 年和 2010 年投入产出表，选取市场集中度和进入壁垒两个指标建立投入产出模型，分析 FDI 对中国制造业市场结构的影响。通过分析外商直接投资对中国制造业市场集中度和进入壁垒的作用，探求市场结构变动过程中 FDI 的影响效应。通过理论与模型两方面的基础分析，从竞争环境、引资政策、产业政策、政府职能转变等方面提出政策建议。

第二部分是通过建立投入产出模型，并借助制造业结构竞争力评价指标体系，基于产业关联效应对FDI对北京制造业结构竞争力的影响进行实证分析，分析FDI对北京制造业产业结构高级化、高效化、合理化的影响。依据2007年、2010年、2012年北京的部门投入产出表，选取17个制造业部门组成北京制造业17部门的投入产出完全消耗系数矩阵；选用产业结构、劳动生产率、资本效率、产业能耗、废水排放强度和废气排放强度6个指标作为投入产出模型的核心指标群；将FDI流入对制造业结构竞争力的影响效应分为直接效应和间接效应两个层面进行分析。一是未引入投入产出模型的FDI对北京制造业的直接效应分析：分析FDI对北京制造业结构高级化的直接效应；基于资本效率、劳动生产率、能源耗费、废水排放、废气排放指标分析FDI对北京制造业结构高效化的直接效应；基于产业结构协调性指标分析FDI对制造业结构合理化的直接效应。二是引入投入产出模型后，基于产业关联分析FDI的第一类间接效应以及FDI的第二类间接效应。过去30多年来，北京的外资制造业发展迅速，对北京的经济增长起到重要的拉动作用，但关于FDI与北京制造业竞争力之间关系的研究比较少见，细化到制造业结构竞争力层面的研究更少，本书第二部分以FDI对北京制造业结构竞争力的影响为题，从理论和实证两个层面探讨制造业的结构竞争力，从合理化、高级化和高效化等多个维度构建制造业结构竞争力的综合评价指标体系，为定量评估FDI对制造业结构竞争力的影响提供可操作的方案，是对制造业结构竞争力乃至产业结构竞争力评价体系的有益探索。

第三部分，通过构建FDI对制造业综合竞争力影响的可计算一般均衡（CGE）评估模型，从技术进步、转型升级、市场结构、资本形成、国际贸易等多个层面，基于CGE模型全面评估北京制造业综合竞争力提升过程中外商直接投资的作用。从理论上看，本部分借鉴国内外研究成果，结合北京实际构建FDI对制造业竞争力影响的CGE评估模型，在评估模型中引入非完全竞争市场的假设，拓展了CGE理论和方法的运用领域，有利于构建外商直接投资对北京制造业综合竞争力影响的评估框架和模型，可以为国内学者开展同类问题的研究提供有益的参考和借鉴。从实践角度来看，从技术进步、转型升级、市场结构、资本形成、国际贸易等多个层面，基于CGE模型全面评估北京制造业综合竞争力提升过程中外商直接投资的作用，可以为合理有效利用外资促进北京制造业综合竞争力提升的政策设计提供支撑，为决策部门制定、调整和规划外资政策和产业政策提供理论支撑。FDI对北京制造业竞争力影响的评估模型与政策仿真的进一步研究是研究方法与研究思路方面的创新。就研究方法而言，目前国内外关于外商直接投资对制造业影响的研究文献大多是从技术进步、市场结构、资本形成、国际贸易及就业等方面入手的局部均衡分析，较为全面而系统的论证往往只限于定性层面，定量的系统研究高度缺乏，本书的研究是在这方面做了很有意义的尝试，通过建立一个可计算一般均衡（CGE）模型，将多方面因素融入一个系统分析框架下，有效地避免了局部均衡分析不能兼收并蓄的缺陷，实现了分析结果的量化，对政策制定的准确性提供了有力的帮助。

本书是在作者主持完成的北京市社科基金项目《基于CGE模型的外商直接投资对北京制造业竞争力影响研究》研究成果基础上撰写的。张莹参与了第一部分的研究和初稿撰写工作；陈伟、沈子傲参与了第二部分的研究和初稿撰写工作；岳沼洋、玉晓丽参与了第三部分的研究和初稿撰写工作，在此一并表示感谢。

韩景华

2019年7月于北京望京

目　录

01 第一部分 外商直接投资对中国制造业市场结构的影响：基于投入产出的分析

Contents

02 第二部分
外商直接投资对北京制造业结构竞争力的影响：基于投入产出的分析

Contents

03 第三部分
外商直接投资对北京制造业综合竞争力的影响：基于 CGE 模型的分析

Contents

Contents

Part
One

第一部分

外商直接投资对中国制造业市场结构的影响：基于投入产出的分析

随着全球化的推进，FDI在中国的规模日益扩大，在各行业的市场份额不断增加，FDI在中国产业中是否会形成垄断依然是社会各界非常关注的问题，其原因在于FDI对市场结构的影响关系到中国经济转轨过程中产业组织的优化、产业的发展、产业竞争力的提高乃至产业结构的调整等诸多方面。因此，研究FDI对中国制造业市场结构的影响具有重要的现实意义。

第1章 国内外相关研究文献述评

Chapter One

1.1 概念的界定

为避免概念混淆，本部分在研究 FDI 对中国制造业市场结构的影响时，首先对其中一些重要的概念进行界定。

外商直接投资（Foreign Direct Investment，FDI），国际上通常使用国际货币基金组织（IMF）和经济合作与发展组织（OECD）的外国直接投资的定义。依据国际货币基金组织的定义，外国直接投资是指“为在一个国外（经济区域）企业获得持久利益而进行的投资，其目的是在该国外企业的管理中拥有实际发言权”。根据经济合作与发展组织的定义：外国直接投资是一个国家的居民（直接投资者）在投资所在国之外的另一个国家的居民（直接投资企业）进行的，以获得持久利益为目的的活动。其中，持久利益是指直接投资者和企业之间存在一种长期的关系，并且直接投资者对企业的管理有重大影响。

本书采用国家统计局的定义，即外商直接投资是指外国企业和经济组织或个人（包括华侨、港澳台胞以及我国在境外注册的企业）按我国有关政策、法规，用现汇、实物、技术等在我国境内开办外商独资企业、与我国境内的企业或经济组织共同举办中外合资经营企业、合作经营企业或合作开发资源的投资（包括外商投资收益的再投资），以及经政府有关部门批准的项目投资总额内企业从境外借入的资金。而外商直接投资一般是由跨国公司完成的，所以在不特别说明的情况下，本部分视跨国公司与外商直接投资为同等概念。

市场结构（Market Structure）是指产业市场结构，即特定产业市场的企业关系结构，规定构成市场的卖者（即企业）相互之间、买者相互之间以及卖者集团之间等诸关系的因素及其特征。由于同一产业内部的企业生产的产品是“具有紧密的替代性弹性的”，因此，企业之间关系的本质是竞争关系，市场竞争与垄断的关系问题便构成了市场结构的核心问题。

产业的市场结构是一个相对较为具体的概念，一般通过企业数量、企业市场份额和规模分布或市场集中化程度、产品差异程度、厂商进入退出壁垒、规模经济等来对一国经济中市场和产业的特点进行描述，主要应用于经验研究领域，较少严格的理论逻辑性。但它的主要价值在于经验描述性、实证性和政策的应用，因而具有较高的可应用价值。

市场集中（Market Concentration）是衡量市场结构状况的一个重要指标。市场集中的概念有广义和狭义之分，广义市场集中概念是指在特定产业之内，生产要素投入和产出被少数大企业控制的程度。不仅包括市场势力或市场份额的集中，而且包括劳动力、资本、技术、产量、利润等的集中，通常称为产业集中。狭义市场集中的概念是指在特定产业之内，市场销售额控制在少数大企业手中的程度。本部分主要采用狭义的市场集中概念，即市场集中是指在特定产业中，若干家最大企业所具有的经济支配能力。

反映特定产业市场上市场集中状况的指标有卖方集中度和买方集中度，由于买方市场相对比较分散，资料难以收集，因此一般把研究重点放在卖方集中度上。本部分的研究也遵从这一点，鉴于数据的可得性，对集中度的衡量方法采用的是集中率指标。为便于比较分析，在计算各行业集中率时，主要选择前3位、前4位的市场集中度进行考察。

进入壁垒（Barriers Entry）。贝恩（1956）在《产业组织》一书中第一次给出了“进入壁垒”的定义，“一个产业中原有企业相对于潜在进入企业的优势，这些优势体现在原有企业可以持续地使价格高于竞争水平之上而又不会吸引新的企业加入该企业”[①]。之后，施蒂格勒提出了更狭义的进入壁垒的定义，即进入壁垒为打算进入某一产业的企业而非在位企业所必须承担的一种（额外）生产成本[②]。目前大多数学者仍采取贝恩的定义。

进入壁垒大致可分为三类：经济性（或结构性）进入壁垒、行为性（或策略性）进入壁垒和政策性进入壁垒。①经济性进入壁垒：主要是指由于在位厂商的规模经济、绝对成本优势、产品差异化、必要资本量等经济性因素形成的市场进入壁垒；②行为性进入壁垒：强调某些市场集中度较高的寡头垄断产业中，在位企业主动利用自己的在位优势，通过实施控制产业利润率、形成过剩供给、针对新企业的歧视性价格等策略性行为阻止新企业进入，对新企业构成行为性进入壁垒，主要包括阻止进入定价、掠夺性定价、形成过剩生产能力；③政策性进入壁垒：政府出于宏观调控的需要，往往对新企业的进入实施一定的政策法规限制，如生产许可证制度、矿产开发特许、物资购销特许、专卖特许，某些产品的高税率、高关税、进口配额、供给配额等。

1.2　国外相关研究文献述评

通过文献梳理可以发现，FDI 影响市场结构的理论基础主要有以下 5 种：垄断优势论、寡占反应论、弗农的动态进入模型、市场结构的跨国传导以及邓宁的二阶段市场结构效应模型。

---

① Bain, J. S. , Barriers to New Competition, Cambridge, MA: Harvard University Press, 1956

② 乔治・J. 施蒂格勒. 产业组织和政府管制［M］. 上海：上海人民出版社，1996

1.2.1 垄断优势论

垄断优势论由海默（Hymer）提出，后经金德尔博格（Kindleberger）补充完善[①]。垄断优势论不仅分析跨国公司向外投资的原因，还说明了跨国公司向外投资如何影响东道国的市场结构。垄断优势论认为，跨国公司的发展源于市场不完全，因为市场不完全，跨国公司才能够拥有和维持各种垄断优势，从而能够向外投资，并能将这些垄断优势在东道国市场上加以保持。也因为市场的不完全，使得跨国公司的二元市场结构有了存在的基础。这种二元市场结构具体表现为：一方面，市场主体被少数大型跨国公司支配，这些大型跨国公司的产品既具有差异性又可以相互替代，彼此竞争且相安共存，其市场份额占绝大部分。另一方面，这些行业中又存在着较多的中小规模厂商，其中一部分厂商凭借传统或特有的专业优势，彼此既竞争又共存地分割着剩余的市场份额；另一部分中小规模厂商则与跨国公司保持有建立在合约基础上的纵向准一体化关系，以大企业为核心，分布在全球各地，从事着高度分工和专业化的、产品种类基本单一的零部件生产、装配业务。跨国公司通过对外直接投资，把这种二元的市场结构“传导”给东道国，即形成核心寡头企业间的市场关系“元”和大厂商与众多准一体化企业之间的依存关系“元”。

1.2.2 寡占反应论

聂克博克（Knickerbocker，1973）在其《寡占反应与跨国公司》一书中的寡占反应论分析了跨国公司的寡头竞争行为，证明在寡头垄断行业，外商直接投资由竞争者的行为及其相互反应决定，表现为若干寡头公司海

① Kindleberger, Charles P., American Business Abroad: Six Lectures on Direct Investment, New Haven, Yale University Press, 1969.

外投资的“群生”现象[①]。寡头垄断行业向外直接投资的结果导致东道国市场结构发生变化。具体而言，聂克博克将跨国公司的投资行为分为两种，即进攻性投资和防御性投资。前者指率先开拓海外某个行业市场的企业投资行为以抢占先机，获得先发的竞争能力和市场优势，从而有可能使其他竞争对手在国内外的市场上处于不利地位。后者，即防御性进攻，指其他紧随其后的企业在海外同一市场所进行的投资，并在对手已经设立的市场上建立自己的企业，以便抵消竞争对手率先进入的优势，从而避免对手的行为给自己带来的竞争风险，以保持势均力敌的态势。因此这种寡占反应所导致的跨国公司投资行为，使寡头企业相继走向海外市场，并使东道国市场也变成了寡占市场结构，从而保证竞争的均衡性。聂克博克认为寡占的群生现象与东道国市场容量的正相关程度比较高，也就是说，在经济发展迅速、市场容量大并且投资环境良好的市场，寡头企业共同进入的程度较深，因为在这些市场中进行投资，可使它们获得扩大市场份额乃至重构市场结构的机会。

1.2.3　弗农的动态进入模型

弗农（Vernon，1974）提出了一个外国直接投资在东道国的市场结构动态转换模型[②]。弗农认为，跨国公司相对于发展中东道国来说具有许多优势。一般来说，在进入东道国之后，跨国公司会在东道国市场形成垄断态势，但是这种垄断格局不会持续太久，随着其他国外厂商以及本地厂商的不断进入，市场结构将从垄断变为寡头垄断，但这种寡头垄断的市场结构仍然不是最终的格局。东道国本地厂商的竞争力会不断增强，最终东道

① Knickerbocker，F. T.，Oligopolistic Reaction and Multinational Enterprise，Boston，MA：Harvard University，Graduate School of Business Administration，1973.

② Vernon，R.，The Location of Economic Activity，in J. Dunning ed.，Economics Analysis and the Multinational Enterprise，New York：Praeger，1974.

国的市场将走向有效竞争。因此，外资最终是促进了东道国的市场竞争。弗农的动态模型在理论上富有逻辑性，但是往往不符合现实。该理论假设外国直接投资进入前，东道国相关产业不存在，而实际上，东道国相关产业大多不是空白的。因此，跨国公司进入东道国市场后面临的是竞争性的市场结构，一般难以立即形成垄断格局，只有在跨国公司竞争力不断增强后才有可能在东道国占据垄断地位。

1.2.4 市场结构的跨国传导

凯夫斯（Caves）认为，投资国与东道国相互依赖、相互影响，投资国的寡头市场结构有向东道国传导的趋势[①]。即高集中度市场中寡头间的相互依赖格局，随着寡头企业集体对外直接投资而跨国传导，因此，投资国与东道国之间的市场结构将存在某种程度的相似性。弗瑞希塔克和纽发默（Frischtak and Newfarmer，1994）的研究也表明，在开放的经济条件下，跨国公司直接投资后的产业市场结构，不再单纯由东道国自己决定，而是一定程度上由国际市场竞争格局决定。

1.2.5 邓宁的二阶段市场结构效应模型

由于不同的东道国有着不同的资源禀赋、产业政策、原有市场结构，外国直接投资的市场结构效应在不同的东道国有不同的表现。邓宁（Dunning）超越了外国直接投资的市场结构的静态、动态效应的表象差异，对外国直接投资对东道国市场结构影响的一般规律进行了高度概括，形成了“二阶段市场结构效应模型”[②]。

---

① Dunning, J. H., Multinational Enterprises: Market Structure, Economic Power and Industrial Policy, Journal of World Trade Law, 4, 1975

② Caves, R. E., Industrial Organization in Dunning ed., Economic Analysis and the multinational Enterprises, 1974

1. 进入时的市场结构效应：外国直接投资进入时对东道国市场结构的影响，表现在市场中厂商的数量、规模分布格局、产品和加工技术以及进入壁垒的变化上。

2. 进入后的市场结构效应：国际竞争对手的市场反应，以及东道国的其他国外厂商分支结构和当地厂商的反应。

1.3　国内相关研究文献述评

改革开放以来外资的大量涌入，对中国经济发展产生了深远的影响，众多学者就外商直接投资进入对中国制造业市场结构的影响进行了研究和分析，总结起来有以下三个面：

1.3.1　外资进入对我国市场集中度的影响

国内研究成果认为，外资进入在短期和长期对我国市场集中度的影响是不同的。李太勇（1999）认为，外资进入在多大程度上能提高东道国市场集中度，主要取决于东道国市场上其他厂商的数量及其对跨国公司进入的反应，跨国公司在当地的规模及持续增长的能力，是否有更多的跨国公司或贸易品进入，以及当地厂商的技术开发能力和模仿能力[①]。陈建华（2001）认为外资进入至少在进入初期，有助于加强竞争，抑制市场集中度的提高；从长期来看，直接投资尤其是跨国寡头厂商对发展中东道国的投资，与东道国产业市场集中度之间存在正相关关系[②]。姚战琪（2004）的研究结果表明，跨国并购在短期内对市场集中度的影响不大，但长期会

---

① 李太勇. 跨国公司投资对我国市场结构的影响［J］. 中国工业经济，1999（11）：55－59.

② 陈建华. 论外国直接投资对我国的市场结构效应［J］. 对外经济贸易大学学报，2001（3）：14－17.

提高市场集中度[①]。

部分学者从寡头垄断的视角研究了跨国投资对东道国市场集中度的影响。樊瑞莉（2006）指出，跨国公司会利用自身优势占有更大的市场份额，这将引起我国市场集中度的提高[②]。易小佳等（2006）的研究结果表明，跨国公司进入将提高我国市场集中度[③]。孔令刚等（2006）基于安徽市场的研究发现外资将提高本土零售业集中度和进入壁垒，使企业可能转向寡头垄断[④]。

除此之外，胡峰、程新章（2002）关于跨国公司在华并购与市场结构和竞争效率关系的研究发现，被并购企业的生产如果处于过度闲置状态，并购会提高经营效率；跨国公司在华并购有助于避免行业企业数量减少、维持市场结构的暂时稳定；跨国公司的横向并购削弱了市场竞争，提高了市场集中度[⑤]。

1.3.2 外资对市场进入壁垒以及产品差别化壁垒的影响

国内学者关于外资对我国市场进入壁垒的研究，主要集中在政策壁垒和经济技术壁垒两个方面。关于政策壁垒的研究主要有：许辉（1999）认为跨国公司进入东道国所面临的主要是政策管制，而我国还存在一些特殊

① 姚战琪. 跨国公司、并购行为与市场结构［J］. 产业经济研究，2004（2）：19－26.

② 樊瑞莉. 跨国公司进入对我国市场结构的影响及对策分析［J］. 经济问题探索，2006（2）：56－60.

③ 易小佳，廖进中，何颖媛. 跨国公司进入对我国市场结构的影响［J］. 重庆工商大学学报，2006（8）：73－76.

④ 孔令刚，蒋晓岚，张红平. FDI对本土零售业市场结构变化影响的理论和实证研究——以安徽市场为例［J］. 数量经济技术经济研究，2006（12）：109－116.

⑤ 胡峰，程新章. 论跨国公司在华并购对我国市场结构演进的影响［J］. 江苏社会科学，2002（6）：84－88.

的制度性壁垒[①]。李太勇（1999）进一步研究发现，跨国公司进入使得针对外商的政策性壁垒降低，促进了市场竞争，但进入壁垒会随着跨国公司的进入而提高。另外，陈意新（2006）的研究表明，放松管制过程中政府的政策往往多变，跨国公司在国家相关政策还未明朗之前很少会轻易涉险[②]。

关于经济技术壁垒方面的研究。陈建华（2001）将市场进入壁垒效应分为两个方面，一是东道国的市场进入壁垒对跨国公司进入的有效性，二是先进入的跨国公司为了阻止后到跨国公司的进入，将会进一步提高东道国的进入壁垒。胡志宝（1998）[③]、杨丹辉（2004）[④]、张宏（2006）[⑤]的研究也证实了上述结论。此外，刘艳婷（2009）的研究表明，跨国公司在发展中东道国遇到的经济技术壁垒相对较低，主要是限制外资进入的政策性壁垒[⑥]。

关于产品差异化壁垒的研究。赵丽（2006）认为外资进入从产品系列化的投资、多品牌的战略、消费者的偏好忠诚及产品研发、推广等四个方面提高了产品差别化壁垒[⑦]。易小佳（2006）认为跨国公司差异化战略提

① 许辉. 我国汽车工业进入壁垒与进入壁垒失效研究［J］. 管理世界，1999（5）：112－117.

② 陈意新. 外商直接投资对我国市场结构的影响及对策分析［D］. 广州：暨南大学，2006.

③ 胡志宝. 浅析跨国公司投资与我国市场结构改善［J］. 国际贸易问题，1998（12）：32－35.

④ 杨丹辉. 跨国公司进入对中国市场结构变动的影响［J］. 经济理论与经济管理，2004（3）：11－17.

⑤ 张宏. 跨国公司投资对发展中东道国产业进入壁垒的突破与重建［J］. 山东大学学报（哲学社会科学版），2006（1）：103－109.

⑥ 刘艳婷. 经济全球化条件下的垄断寡占市场结构及其效率、政策研究［D］. 成都：西南财经大学，2009.

⑦ 赵丽. 跨国公司直接投资对我国汽车行业市场结构的影响研究［D］. 长沙：中南大学，2006.

高了我国市场的产品差别化程度①。

1.3.3 跨国企业规模经济的影响

关于跨国企业规模经济的影响，已有的研究结论倾向于跨国企业的规模经济优势对国内企业发展起到了明显的促进作用。李太勇（1999）认为跨国公司的规模经济优势促进了国内产业的收购兼并和规模扩张，产生了能与跨国公司抗衡的国内企业。杨丹辉（2004）认为跨国公司进入产生了强烈的竞争示范效应，使得低效率的内资企业整合或退出市场。段琳（2006）从行业的进入资本需求量和由规模经济效应产生的成本优势角度，进一步分析了跨国公司规模经济对我国市场结构的影响②。刘艳婷（2009）认为，跨国公司进入后会凭借其优势扩张生产规模，提高了潜在进入厂商的规模经济壁垒，但跨国公司进入后也会提高行业技术与管理水平以及产业的最小有效规模。石俊华（2009）研究指出，跨国公司的大规模投资导致我国的某些行业（汽车、石化等）产生了明显的规模经济效应，并通过各种手段提高市场的进入壁垒和我国相应行业的最小规模经济水平，以阻止潜在竞争对手的进入③。

① 易小佳. 跨国公司投资对我国市场结构效应研究［D］. 长沙：湖南大学，2006.

② 段琳. 外商直接投资对市场结构的影响——以我国汽车产业为例［D］. 南京：东南大学，2006.

③ 石俊华. 跨国公司投资对中国市场结构演进的影响［J］. 北京交通大学学报（社会科学版），2009（1）：60-64.

第 2 章

FDI 影响中国制造业市场结构的经验分析

Chapter Two

2.1 中国制造业初始市场结构

2.1.1 中国制造业的市场集中度

关于我国制造业市场集中度分析的研究成果较为丰富，一般认为，制造业的产业集中度过低，生产要素过于分散。

表 2-1 1995 年中国制造业市场集中度状况

集中度（%）	CR4				CR8			
	产业数		销售收入		产业数		销售收入	
	数量（个）	分布（%）	总额（亿元）	分布（%）	数量（个）	分布（%）	总额（亿元）	分布（%）
0~9.9	96	18.4	16305.65	35.7	44	8.4	10776.16	23.6
10~19.9	163	31.3	10351.20	22.7	111	21.3	10748.01	23.5
20~29.9	90	17.3	8630.80	18.9	113	21.7	6214.72	13.6
30~39.9	63	12.1	5413.84	11.9	68	13.0	6085.62	13.3
40~49.9	26	5.0	1722.18	3.8	52	10.0	3644.70	8.0
50~59.9	31	6.0	2171.79	4.7	41	7.9	4964.84	10.9
60~69.9	18	3.4	322.91	0.7	28	5.4	1871.13	4.1
70~79.9	16	3.1	182.36	0.4	22	4.2	396.40	0.9
80~89.9	9	1.7	191.04	0.4	17	3.3	359.68	0.8

续表

集中度（%）	CR4				CR8			
	产业数		销售收入		产业数		销售收入	
	数量（个）	分布（%）	总额（亿元）	分布（%）	数量（个）	分布（%）	总额（亿元）	分布（%）
90～100	9	1.7	364.81	0.8	25	4.8	595.32	1.3
80 及以上	18	3.4	555.85	1.2	42	8.1	955.00	2.1
60 及以上	52	9.9	1061.12	2.3	92	17.7	3222.53	7.1
50 及以上	83	15.9	3232.91	7.0	133	25.5	8187.37	17.9
0～29.9	349	67.0	35287.65	77.3	268	51.4	27738.89	60.8
0～19.9	259	49.7	26656.85	58.4	155	29.8	21524.17	47.1
总计	521	100.0	45656.58	100.0	521	100.0	45656.58	100.0

资料来源：魏厚凯．市场竞争、经济绩效与产业集中——对中国制造业集中与市场结构的实证研究［M］．北京：经济管理出版社，2003：77.[①]。

从表2－1可以看出，我国绝大部分制造业行业的市场集中度都很低，在所分析的521个四位数代码的制造业行业中，CR_4不到30%的行业有349个，占分析行业总数的67%，销售收入占77.3%；CR4不到20%的有259个，占所分析的行业总数的49.7%，销售收入占58.4%。CR4在80%以上的行业只有15个，仅占3.4%，销售收入仅占7.0%。从前8位集中率来看，CR8在30%以下的行业有268个，占分析行业数的51.4%，销售收入占60.8%；CR8在20%以下的行业有155个，占分析行业数的29.8%，销售收入占47.1%。CR8大于80%的行业有42个，仅占8.1%，销售收入仅占2.1%。

按照美国经济学家贝恩的市场结构分类法，1995年我国521个制造业行业中，属于原子型市场结构的占了64%以上。这表明我国制造业行业市场集中度非常低，分散型市场结构占主导地位，产业组织结构呈现高度分

① 魏厚凯．市场竞争、经济绩效与产业集中——对中国制造业集中与市场结构的实证研究［M］．北京：经济管理出版社，2003.

散化特征。

2.1.2　中国制造业的进入壁垒

在计划经济体制下，我国的政府决策是决定新厂商能否进入汽车市场及具体进入方式的关键因素。随着中央政府下放投资权和管理权，全国各地纷纷开始投资汽车项目，新建了大量汽车工业企业。在此时期，中国汽车产业的进入壁垒并不高。这主要表现为三个方面：规模经济壁垒较低、绝对成本优势不明显和产品差异化程度低。

1992 年以前，我国多数产业中，中小企业居多，企业规模结构不合理，企业规模普遍较小（见表 2－2），使得中国制造业因为规模经济而形成的进入壁垒较低。

表 2－2　中国工业企业规模结构（1978—1991）

年份	大型企业		中型企业		小型企业	
	企业数比例	总产值比例	企业数比例	总产值比例	企业数比例	总产值比例
1978	0.40	25.1	0.90	18.3	98.70	56.6
1980	0.37	25.1	0.93	18.1	98.70	56.8
1985	0.70	30.2	1.60	19.4	97.70	50.4
1986	0.23	26.0	0.54	17.3	99.20	55.7
1987	0.24	27.2	0.60	17.2	99.20	55.6
1988	0.27	27.5	0.65	17.6	99.18	54.8
1990	0.90	27.0	2.30	22.1	96.80	50.9
1991	1.00	36.0	2.60	20.9	96.40	44.0

资料来源：马建堂. 结构与市场行为——中国产业组织研究 [M]. 北京：中国人民大学出版社，1993：190.

在中国，掌握先进生产技术而构筑的进入壁垒很低，因为国内企业普遍缺乏创新意识，研发投入长期偏少，科技投入主要依靠政府部门。由于中国技术实力的差距，无法形成有效的绝对成本优势，新进入企业很容易就达到原有企业的技术水平。

受计划经济的影响，由于制度、技术和管理能力等的限制，我国制造业产品差异化起步晚、起点低，发展动力不足，产品差异化程度很低。加之我国制造业品牌规模小，品牌集中度低，品牌保护意识淡薄等原因，使得中国企业通过品牌构筑起来的进入壁垒抵御外来者的能力十分有限。

2.2 中国制造业利用外商直接投资现状

2.2.1 中国制造业利用 FDI 的总量变化分析

从历年统计年鉴中可以整理得到外商直接投资进入制造业行业的总额变动情况，见表 2－3。

表 2－3 制造业 FDI 及 FDI 总量变化情况

年份	制造业 FDI（亿美元）	同比变化（%）	FDI 总量（亿美元）	制造业 FDI 占总量 FDI 的比重（%）
1997	281.20	—	452.57	62.13
1998	255.82	-9.03	454.63	56.27
1999	226.03	-11.64	403.19	56.06
2000	258.44	14.34	407.15	63.48
2001	309.07	19.59	468.78	65.93
2002	368.00	19.40	527.43	69.77
2003	369.36	-2.50	535.05	69.03
2004	430.17	15.00	606.3	70.95
2005	424.53	-1.30	603.25	70.37
2006	428.50	0.90	630.21	67.99

续表

年份	制造业FDI（亿美元）	同比变化（%）	FDI总量（亿美元）	制造业FDI占总量FDI的比重（%）
2007	408.65	-4.60	747.68	54.66
2008	498.95	22.10	923.95	54.00
2009	467.71	-6.30	900.33	51.95
2010	495.91	6.00	1057.35	46.90
2011	521.01	5.10	1160.11	44.91
2012	488.66	-6.20	1117.16	43.74
2013	455.55	-6.78%	1175.86	38.70

数据来源：历年中国统计年鉴。

由表2-3可知：尽管1997—2013年中国制造业利用FDI的数量及制造业FDI在FDI总量中所占比重波动都较大，但是总体上来说制造业利用FDI的规模和分量一直是非常巨大的，如此巨大的投资额必然会对中国的制造业市场结构产生重大影响。

2.2.2　制造业利用FDI的结构变化分析

前面我们分析了制造业整体利用FDI的情况，为更直观地分析制造业各行业利用FDI的变化情况，笔者根据国家统计局和《中国外商投资报告——政策与环境》中的相关数据，整理得出表2-4。

表2-4　制造业主要行业FDI占制造业FDI的比重变化

行业＼年份	2001	2002	2003	2004	2005	2006	2007	2008	2009	2010	2011	2012
通用设备、计算机及其他电子设备制造业	22.9	22.1	16.9	16.4	18.2	19.1	18.8	16.9	15.3	17	14	13.5

续表

行业 \ 年份	2001	2002	2003	2004	2005	2006	2007	2008	2009	2010	2011	2012
电气机械及器材制造业	4	5.8	5	6.1	6.9	7	7.8	10.5	11	11.2	10.5	10.4
交通运输设备制造业	4.7	4.5	6.3	8.8	9	6.6	6.4	7.6	6.8	6.6	7.3	9.1
化学原料及制品制造业	7.1	6.7	6.9	6.2	6.6	6.2	7.1	8.3	8.5	6.9	7.2	8
通用设备制造业	4.3	3.5	4.2	5	4.8	4.6	5.3	7	6.4	7	6.1	8.6
专用设备制造业	2.5	2.8	3.3	4.4	4.6	4.4	5.7	5.6	5.5	6.3	7.3	7.1
非金属矿物制品业	4	4.6	4.4	4.3	4.1	3.9	4.9	4.7	5.2	5.4	6.3	6.6
纺织、服装、鞋帽制造业	4	4.8	6.1	6.9	6.7	6.8	6	5.1	4.7	4.9	4.5	4.6
金属制品业	3.7	5.9	6.1	4.2	4.3	4.9	4.3	3.8	5.4	4.2	4.4	5
农副食品加工业	3.3	3.6	3.6	4.5	3.5	2.2	2.2	2.3	2.2	2.9	3	3.9
纺织业	6.2	6.2	5.9	5.5	5	4.9	4.5	3.7	3	3.2	3	2.6
橡胶制品业	1.1	1.2	1.2	1	1.6	1.3	1	0.9	1.1	1.4	2.6	2.4
食品制造业	2.4	2.3	2.1	2.3	2.2	2.1	2.3	2.2	2.4	2.3	2.5	2.4
医药制造业	2	1.9	2.1	1.6	1.3	1.2	1.5	1.3	2	2.1	2.3	2.1
饮料制造业	2.2	1.3	1.9	1.1	1.1	1.2	1.6	1.1	1.2	1.6	1.1	1.5
化学纤维制造业	0.9	0.9	1.2	1.2	0.5	0.9	0.7	0.5	0.6	0.5	0.6	0.7
合计	75.3	78.1	77.2	79.5	80.4	77.3	80.1	81.5	81.5	83.4	82.7	86.1

数据来源：国家统计局网站和《中国外商投资报告——政策与环境》。

由表2-4可知，制造业各行业利用FDI的比重有明显的不同，有的行业多，有的行业少。2001—2012 年，通用设备、计算机及电子设备制造业、电气机械及器材制造业、交通运输设备制作业等 16 个行业，占据了制造业利用 FDI 总量的绝对比重。2008—2012 年，通信设备、计算机及其他电子设备制造业、电气机械及器材制造业利用 FDI 占 FDI 总量的比重一直在 10% 以上；通用设备制造业、专用设备制造业、金属制品业、橡胶制品业利用 FDI 所占比重均有所增加；农副食品加工业、纺织业、化学纤维业 FDI 所占比重有所下降；食品制造业、医药制造业利用 FDI 占比较为稳定。所以，笔者在分析 FDI 对制造业市场结构的影响时，不能一概而论，要结合具体情况对各个行业进行全面细致的分析。

2.3　FDI 影响市场结构的作用机理

外商直接投资进入中国的方式大致有 2 种：新建投资和跨国并购。进入方式不同对市场集中度的影响也不同，鉴于我国的实际情况，新建投资占主导，下面我们主要分析新建投资对市场结构的影响机理。

2.3.1　外商直接投资与市场集中度

1. 外资进入时对市场集中度的影响

外资以新建投资的方式进入我国，一般情况下短期内会增加市场中企业的数量，有助于降低市场集中度，促进竞争。但也存在新建投资进入时提高某些产业市场集中度的情况，我国的轿车产业就是一个典型例子，原因主要有以下几方面：

（1）政府方面：我国政府在一些行业中实行只引进少数几家跨国公司，以便给国内企业留下市场空间的政策取向，从而导致跨国公司在进入初期因为其垄断优势会占据垄断地位，提高了行业市场集中度。

（2）跨国公司方面：跨国公司的企业规模一般比较大，这导致其所占市场份额也相应较大；跨国公司进入后利用其规模优势和其他优势兼并当地竞争对手；跨国公司在当地获得市场主导地位后，建立高进入壁垒；跨国公司所生产的产品在国内是全新产品。

（3）国内企业方面：国内企业通过兼并收购等扩张手段欲对抗跨国公司的竞争，但由于实力悬殊，被迫退出该行业或被其他企业兼并。

2. 外资进入后对市场集中度的影响

从理论和逻辑角度看，跨国公司进入后，会导致东道国产业市场集中度的提高。但外资进入后对不同行业的市场集中度的具体影响还取决于以下 4 个因素：

（1）跨国公司的规模以及持续增长的能力。跨国公司在进入发展中国家后会不断追加投资，如果东道国国内企业不相应增加投资，其与跨国公司规模差距就会不断扩大，外资企业在发展过程中还会兼并当地的企业，从而导致市场集中度提高。但如果东道国国内公司与外资企业实力相当，外国公司的相对影响力和市场份额都会受到影响，那么外国公司进入就会加剧市场竞争，降低市场集中度。

（2）东道国本地厂商对跨国公司进入的反应，以及本地厂商的技术开发和模仿学习能力。当国内企业与进入的跨国公司竞争力差距太大时，外资在行业中占据主导地位。但竞争也能对国内企业产生积极效应，刺激它们节约成本，吸收消化先进技术和经验，改进营销手段，培养其竞争能力，开拓市场，从而降低市场集中度和跨国公司的垄断地位。国内企业能否有效地同跨国公司进行竞争，在很大程度上取决于其消化和发展技术的能力和步伐。

（3）东道国国内原有的市场集中程度。如果外商直接投资进入寡头垄断的高进入成本的行业，能使集中度降低，促进竞争；如果外资进入以数量众多的中小企业为主的竞争型行业，则可能由于其竞争优势而导致集中度的提高。

(4) 跨国公司进入时所带来的新产品在初期会形成垄断，但市场长期的竞争状况结果取决于是否有更多的跨国公司或贸易品进入。只要政府没有赋予跨国公司独占权，单一跨国公司不可能长期控制我国某一行业或产品的市场。

由此可见，外商直接投资对市场集中度的影响比较复杂，很难得出一个规律性的结论。但总的来看，跨国公司的进入作为一股外来市场竞争力量，必定会增强原来市场的竞争程度。如果大型跨国公司进入一个市场集中度较高或刚开放的垄断行业，一般会降低该行业的市场集中度；反之，则会提高该行业的市场集中度。

2.3.2　外商直接投资与进入壁垒

外商直接投资对产业市场进入壁垒的影响，从时间上看体现在两个方面：一是直接投资进入时，外资对东道国产业进入壁垒的突破；二是直接投资进入后，外资对东道国产业进入壁垒的重建。在外商直接投资研究领域针对直接投资进入壁垒的讨论主要集中在第二方面。

"海默—金德尔伯格垄断优势论"认为，跨国公司的对外直接投资是其垄断优势的扩张，这种垄断优势使跨国公司相对于东道国国内企业处于有利地位，跨国公司为了保持这种优势，会利用这种垄断优势在进入东道国后运用一系列竞争策略和市场手段排挤竞争对手，从而提高东道国行业的市场进入壁垒。

具体来看，跨国公司直接投资进入东道国后，将形成并提高以下 4 种进入壁垒：

(1) 绝对成本壁垒。跨国公司成功进入东道国后，一是利用其生产技术上的相对优势与东道国的区位优势相结合，使其生产成本得以降低；二是跨国公司的全球化生产以及高度垂直一体化的程度，使得跨国公司可以利用其内部分工优势在供应资源上享有价格优势。这样跨国公司便构筑起对东道国厂商的绝对成本进入壁垒。

（2）规模经济壁垒。跨国公司进入东道国后，一方面通过垂直一体化、并购等各种规模扩张的市场行为，使其在东道国的生产规模与市场份额得到迅速扩大，为潜在进入厂商留有较小的市场空间，使其进入因达不到规模经济的要求而无法盈利，从而形成有效阻止效应。另一方面，跨国公司是先进生产技术的创造者和拥有者，进入后会有意无意地促进并提高相关行业的生产管理和技术水平，从而降低生产和管理的边际成本，提高相应行业的最小有效规模。

（3）产品差异化壁垒。现有企业的差异化可以使顾客对该企业的产品形成偏好甚至是一定的忠诚度，这对于试图进入市场的新企业而言，无疑构成了一定程度的进入壁垒，也就是说，这些试图进入市场的企业也必须通过自己的产品差异化行为，寻找新的目标市场的顾客或者争取原有企业的顾客转换品牌。所以，市场的产品差异化程度越高，新企业进入市场的壁垒也越高。

（4）技术优势壁垒。企业进入市场，需要技术投入。跨国公司在进入东道国投资建厂时，往往会将本国的先进技术一并代入东道国，形成对其他潜在进入企业的技术障碍。跨国公司因为原有的技术优势加上强大的研发能力，使得后来进入的企业面临巨大的技术优势壁垒。

2.4 以汽车制造业为例分析 FDI 对中国制造业市场结构影响机制

本部分主要研究外商直接投资对市场集中度和进入壁垒的影响，这需要考虑两方面因素：时间和外商直接投资的进入方式。首先，邓宁的二阶段理论认为，跨国公司进入时由于东道国厂商数量的增加而导致市场集中度降低，经过一段时间的竞争循环后，市场集中度的提高是具有普遍性的。其次，外商直接投资的进入方式不同，对集中度和进入壁垒的影响不同。鉴于我国汽车产业外资的进入以新建投资方式为主，下边笔者将详细介绍外资以新建投资方式进入对市场集中度和进入壁垒的影响。

2.4.1　汽车制造业初始市场结构

1. 市场集中度

1992年之前，跨国公司的投资规模较小，我国汽车产业的跨国公司投资规模在3000万美元以上的大项目有45个，占项目总数的11.58%，其中整车项目17个。44个大项目的投资规模为79.64亿美元，占汽车行业"三资"企业总投资的75.75%。投资规模在1000万~3000万美元的项目有84个，占项目总数的22.11%，其中整车项目12个。而项目规模在1000万美元以下的有252个项目，所占项目数超过65%，其中整车项目33个，这与汽车产业规模经济的要求相差甚远，大批规模非经济厂商的进入使我国汽车行业的企业数量不断增多，集中度也开始不断下降。

2. 进入壁垒

1992年以前，我国汽车行业市场集中度很低、分散竞争现象比较突出，所以汽车行业的经济性进入壁垒比很低，而较低的进入壁垒又导致汽车产业的过度进入，使得汽车企业竞争力很弱。汽车行业作为关系国民经济发展的重要产业，在市场不成熟的时候，国家对汽车业的进入设置政策性壁垒是有必要的。在计划经济体制时期，汽车业的进入有严格的控制，改革开放以后，外资进入之前，政策性壁垒一直很明显。综上，外资进入以前的汽车制造业，经济性壁垒很低，政策性壁垒比较高。

2.4.2　汽车制造业引进FDI概况

汽车制造业利用外资可以分为三个阶段：初期（改革开放后到20世

纪 80 年代末)、稳定发展期（20 世纪 90 年代初期到 2001 年)、快速发展期（2001 年至今)。

1. FDI 进入中国汽车行业的初期。

20 世纪 80 年代以前，我国汽车市场处于完全封闭的状态，没有进口或外商直接投资，市场上没有竞争，三大国有企业主导汽车行业。1979 年我国颁布了第一部关于外资的法律，即《中华人民共和国中外合资经营企业法》，允许外国投资者与国内企业组建合资企业。汽车行业也开始着手引进外商直接投资。这段时间是改革开放初期，正处于计划经济向市场经济转变的过程中，市场刚刚开放，还没有制定明确的相关政策制度，因而只有很少的跨国公司愿意进入中国进行新建投资。加之中国的经济基础薄弱，汽车生产企业规模小，所以跨国公司基本上只与国内企业进行合资，早期进入的外资企业绝大多数为中小规模的企业且项目投资额普遍较少。

2. FDI 进入中国汽车行业的稳定发展期。

自从 1994 年公布了《汽车工业产业政策》放松对跨国公司投资汽车零部件行业的股比限制后，跨国零部件公司在华成立的独资企业数迅速增加，这在很大程度上刺激了整车制造业独资企业的建立。这个阶段，中国汽车行业利用 FDI 的金额不断扩大，截至 1998 年底，我国汽车工业与 20 多个国家和地区的企业建立了 600 余家“三资”企业，其中整车企业 102 家，外商协议投资达到 110.4 亿美元。1998—2001 年，中国汽车行业吸引了近 40 亿美元的外国直接投资，占中国同期外商投资的 2%。仅 2001 年汽车行业外商投资 294 项，合同外资金额 8.72 亿美元，同比分别增长 31.67% 和 37.38%。

3. FDI 进入中国汽车行业的快速发展期。

2001 年底中国加入 WTO，随着中国政府落实有关承诺，外资进入汽车行业的领域放宽，外资的一些股比控制放松，对产业政策也进行了逐步调整（如取消国产化限制、取消发动机的股比限制、取消服务贸易领域的限制等），因此，世界汽车工业巨头开始加速进入中国进行新建投资。由于中国市场仍存在巨大的需求潜力，本阶段的汽车产销量得到了有史以来最快的增长，对我国国民经济的发展做出了巨大贡献。

2.4.3　FDI 对汽车制造业市场结构的影响

1. FDI 对汽车制造业市场集中度的影响

表 2－5 是选取了 CR_3 为指标来表示近年来我国汽车业集中度的变化，其中的外商直接投资选取的是流量值。可以看出，1992—2009 年，汽车制造业的市场集中度总体呈上升趋势，外商直接投资也呈现上升趋势，尤其是 2003 年以后。

表 2－5　1992—2009 年我国汽车产业市场集中度与外商直接投资流量

年份	集中度 CR_3（%）	外商直接投资（亿美元）
1992	43.25	5.32
1993	41.18	5.09
1994	40.91	4.52
1995	39.29	8.79
1996	41.33	7.83
1997	41.65	4.91
1998	41.81	3.08
1999	43.89	5.12
2000	44.75	5.1
2001	45.1	7.25
2002	46.8	12.5
2003	47.3	20.03
2004	48.03	33.52

续表

年份	集中度 CR_3（%）	外商直接投资（亿美元）
2005	49.5	34.04
2006	46.04	21.41
2007	47.07	35.59
2008	48.29	36.958
2009	47.48	32.32

数据来源：根据中国汽车工业协会统计信息网计算整理。

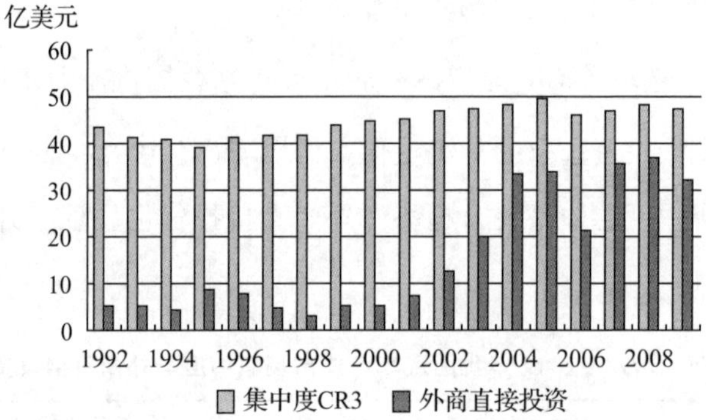

图 2-1　1992—2009 年我国汽车产业市场集中度与外商直接投资流量表

数据来源：根据中国汽车工业协会统计信息网计算整理

从图 2-1 可以看出，1992—2009 年我国汽车产业市场集中度与外商直接投资具有一定的相关性，投资额大的年份也是市场集中度升高的年份。我们利用积差法对市场集中度 CR_3 和外商直接投资 FDI 的相关性进行分析，计算公式如下：

$$r = \frac{\sum (Y - \bar{Y})(X - \bar{X})}{\sqrt{\sum (X - \bar{X})^2 \sum (Y - \bar{Y})^2}}$$

计算出相关系数为 $r = 0.827$，由此可知：外商直接投资与中国汽车业市场集中度之间存在中等偏高程度的正相关。并且已经有很多学者用计量的方法验证了外商直接投资的进入在一定程度上提高了我国汽车业的市场集中度。

对于中国汽车行业来说，跨国公司的进入导致市场集中度提高的原因主要有以下四方面：

第一，跨国公司参与的合资企业和独资企业体现出先进的生产技术和管理水平等带来的各种优势，其市场份额逐渐扩大，挤占原来由技术比较落后的中小企业占有的市场。随着这些中小企业被淘汰，产销量逐步向跨国公司参与的合资企业和独资企业集中，由此导致中国汽车行业市场集中度的提高。

第二，中国人口众多，潜在汽车消费市场很大，这就为汽车行业的合资公司实现规模经济提供了市场保证，使跨国公司在母国市场上的“垄断优势”通过较好的内部化转变为边际成本上的优势，产销量不断增加并引起市场集中度的提高。

再次，随着越来越多的跨国公司进入我国汽车行业，它们之间的竞争也日趋激烈，使得不少跨国公司进入市场后并入当地规模较大、市场占有率较高的合资企业，这也在很大程度上提高了汽车厂商的生产销售规模，市场集中度也随之提高。

最后，除了上述几种情况，国内的中小汽车企业为了增强自身的竞争力，会主动向实力较强的合资企业靠拢，建立新的合资企业或使自身直接被收购，这也会增强合资企业的实力，提高汽车行业的市场集中度。

2. FDI 对汽车制造业进入壁垒的影响

比较外资进入前后中国汽车产业进入壁垒，可以得出结论，外商直接投资的进入提高了我国汽车产业的市场进入壁垒。随着我国汽车业市场的日趋国际化，外资企业以各种投资方式进入我国，进入壁垒显著提高。我们将重点阐述规模经济壁垒、技术壁垒、产品差异化壁垒。

（1）规模经济壁垒。外资进入提高了规模经济壁垒，这主要体现在两个方面，即进入行业的资本需要量和由规模经济效应产生的成本优势。汽车产业是规模经济效应显著的资本密集型行业，英国经济学家马克西和西尔伯斯通过研究表明，当汽车产量在 1000 辆～50000 辆时，单位成本降低率达到 40%，产量在 5 万～10 万辆时，单位成本降低率达到 55%，产量超过 100 万辆时单位生产成本不再降低，故得出结论：汽车业的最佳经济规模为 100 万辆。当然，随着时间的推移和生产技术的不断进步，最佳规模经济也在不断地变化。在外资进入前，我国汽车业的总体产量很低，所有企业的总产量低于最佳经济规模。外资企业进入后，利用其自身的优势，扩大生产规模，从而实现更好的规模经济效益，形成绝对成本优势，同时提升行业进入资本量。外商投资企业一般都是全球化的生产体系，掌握着生产汽车的很多关键资源。同时，外商投资企业利用其内部分工和整合资源的能力，在原料供应上有价格优势，随着其生产规模的不断扩大，越来越多的资源会被整合到公司内部，形成市场内部化。这些都将形成外商投资企业的绝对成本优势，随着其在中国投资规模的不断扩大，规模经济壁垒会不断地提高。

（2）技术壁垒。外资进入提高了汽车业技术进入壁垒。汽车业是技术密集型产业，技术是汽车业竞争的重要因素之一。在外资进入前，中国的汽车业相对封闭，技术上依靠国外引进，但也受到国外企业的限制，引进的技术都较为落后，加上国内汽车企业的特殊地位，技术研发投入资金相对国外很少，因此技术壁垒较低。外资进入后，外资企业利用其技术和资金上的优势，纷纷在我国设立各种技术研究中心，同时加大技术更新换代的速度；在合资汽车企业中，核心的技术被外资企业把持，中方只是得到了一些落后和次要的技术。汽车行业的技术研发需要大量的资金和人才，同时周期较长，短时间内国内企业根本无法与国外厂商抗衡，因此，外商必然会不断建立技术壁垒，控制国内厂商的进入和生产，从而获得垄断利润。

（3）产品差异化壁垒。跨国公司的进入提高了我国汽车行业的产品差别壁垒，概括起来主要有以下三个方面：首先，跨国公司进入后新建的合资企业实行多产品和多品牌的战略，从而提高了产品差别壁垒。跨国公司进入后的一段时间，形成了几大品牌，它们之间既有竞争又有自己的特色，潜在进入者要想在这些多种品牌占据的特性空间中找到获利的途径非常困难。其次，跨国公司的进入提高了产品研发和推广方面的进入壁垒。因为跨国公司利用研发和广告上的规模经济构筑了更高的进入壁垒，而且消费者对品牌的偏好提高了产品差别化壁垒，潜在进入者需要更多广告等方面的投入才能吸引一部分市场份额。最后，跨国公司新建投资通过提升生产技术水平来提高产品差异壁垒。国内汽车行业的起步时间晚，无论是零部件的生产还是整车制造技术，都与发达国家跨国公司之间的技术水平存在巨大差异，而且跨国公司每年投入巨额资金用于产品开发、研发和生产制造技术方面的突破，这些都是国内汽车企业无法比拟的。

第3章
建立投入产出模型并研究FDI对制造业市场结构的影响机制

Chapter Three

3.1 投入产出模型

3.1.1 市场结构指标的选取标准

如前文所述，产业市场结构是一个相对具体的概念，一般通过企业的数量、企业的市场份额和规模分布或市场集中化的程度、产品差异程度、厂商进入退出的壁垒等来对一国经济中市场和产业的特点进行描述。鉴于数据的可衡量性和指标的代表性，本节将从市场集中度和进入壁垒两方面分析外商直接投资进入对我国制造业市场结构的影响。

1. 市场集中度指标的度量

对产业集中度的度量方法有很多，如海纳—凯指数（HKI)、熵指数(EI)、洛伦兹曲线（Lorenz Curve）和基尼系数（Gini Coefficient）等，其中最为广泛使用的有两种，一种是前n位企业产业集中率，另一种是赫芬达尔—赫希曼指数（即HHI指数)。

前 n 位企业产业集中率一般是以产业中最大的 n 个企业所占市场份额

的累计数来表示。计算公式：$CR_n = \sum_{i=1}^{n} \frac{X_i}{X}$,

其中某产业的有关数值（如产值、产量、销售额、销售量、资本总额等）为 X，第 i 企业的有关数值为 X_i，n 的取值取决于研究的需要，通常取 4 或者 8，有时候也会取 20，50，100 甚至 200。

一般来说，CR_n 值越高，前 n 位企业对市场的操纵能力就越强，反之，则越弱。美国著名产业学家贝恩根据产业内前 4 家和前 8 家企业的绝对集中指标，对不同垄断竞争程度产业的市场结构进行了分类（见表 3 - 1）。

表 3 - 1　贝恩的市场结构分类[①]

类型	CR_4	CR_8
高度寡占型	75% 以上	
高度集中寡占型	65% ~75%	85% 以上
中（上）集中寡占型	50% ~65%	75% ~85%
中下集中寡占型	35% ~50%	45% ~75%
低集中寡占型	30% ~35%	40% ~45%
原子型	30% 以下	40% 以下

HHI 指数的计算公式：$HI = \sum_{i=1}^{n} \left(\frac{Hi}{T}\right)^2$，其中 n 为行业中所有企业的数目，T 为行业的总规模，H_i 为产业中第 i 位企业的规模。HHI 指数的优势是能够反映出更多市场结构的信息，从而弥补 CR_n 只考虑前几位企业的集中状况，没有考虑全部企业的规模分布所带来的信息损失。但它对样本数据的要求比较苛刻，不容易真正获得。

日本公正交易委员会以赫芬达尔指数对市场结构的分类如下（见表 3 -2）：

① 杨公仆，夏大慰. 产业经济学教程 [M]. 上海：上海财经大学出版社，1998.

表 3-2 以赫芬达尔指数为依据的分类方法[①]

	市场结构类型	赫芬达尔值（HHI 值）
寡占型	高寡占Ⅰ型	HHI > 3000
	高寡占Ⅱ型	1800 < HHI < 3000
	低寡占Ⅰ型	1400 < HHI < 1800
	低寡占Ⅱ型	1000 < HHI < 1400
竞争型	竞争Ⅰ型	500 < HHI < 1000
	竞争Ⅱ型	HHI > 500

比较以上两种方法，CR_n最大的优势是计算简单且直观，数据易获得，测量的结果也比较容易解释，HHI 指数的优势是能够反映出更多市场结构的信息，鉴于查找数据方便及分析问题的直观性，笔者选取 CR_n 作为衡量市场集中度的指标，为了更好地反映市场集中度状况，这里的 n 取 4，即研究制造业各个行业规模最大的前四家企业的有关数据占整个市场的份额之和。

2. 进入壁垒指标的度量方法

在进入壁垒度量方法的探索中，进入壁垒的度量是实证研究中的难点。

价格扭曲率度量法，即以垄断价格扭曲竞争价格的程度来衡量进入壁垒高低的一种方法。如果把产业价格扭曲率（R）定义为垄断价格与竞争价格的差额同竞争价格的比率，则有：R 值越大，价格扭曲程度越强，表明进入壁垒越高。用公式表示：$R = \frac{P_1 - P_0}{P_0} = \frac{\Delta P}{P_0}$，$P_1$指唯一的垄断者利润最大化时的销售价格，$P_0$是不存在进入壁垒（即充分竞争）下的价格。

① 植草益. 产业组织论［M］. 北京：中国人民大学出版社，1988.

产业超额利润法。在实际运用产业价格扭曲率度量进入壁垒时，可能会遇到难以确定竞争价格 P_0 的问题，而获得产业平均成本的资料就相对容易得多，因此，我们也可以通过计算产业超额利润率来度量进入壁垒的高度。设 P 为产业价格，$\overline{C}$ 为产业平均成本，$\overline{P'}$ 为社会平均利润率，$\Delta\overline{P'}$ 户为产业超额利润率，则有：超额垄断利润越多，则进入壁垒就越高，公式表示为：$\Delta P' = \dfrac{P - C'}{P} - \overline{P'}$。

企业数目法与企业规模比重法。这是由我国学者马建堂提出的，这种方法计量的是进入壁垒的序数高度，而非绝对高度。

所谓企业数目法，即根据行业内部企业数目的多少来确定不同行业壁垒的高低。企业数量少的行业可能进入壁垒较高；反之，企业数量众多的行业壁垒可能就较低。这一衡量方法的理论基础是进入壁垒的直接效应，即进入壁垒是限制企业的进入。那么，直接的反推论是企业数目越少，行业的壁垒可能就较高。从理论上看，相较于利润率法，企业数目法更为可靠，因为后者是以进入壁垒的间接效应为基础的。但企业数目法的缺陷也非常明显，因为行业中企业数的多少取决于行业划分标准的确定。所以，企业数目法运用的前提是行业划分合理、稳定。在分析某一行业进入壁垒的时间序列的变化时，运用这一方法最为可靠。

所谓企业规模比重法，即根据大、中、小型企业分别所占该行业全部企业数的比重来确定行业进入壁垒的高低。这一方法的理论基础也是进入壁垒的直接效应，与企业数目法之说不同的是，更加强调进入壁垒对小企业进入的阻碍作用。另外，它排除了上述企业数目法的最大弊端，即企业数目因行业大小、行业划分粗细而变的缺陷。笔者认为，与利润法和企业数目法相比，企业规模比重法是一种更为可靠、进而更为可取的衡量进入壁垒的方法。本研究将采用此种方法对制造业两位细分行业的进入壁垒进行衡量。

3.1.2 数据采集及整理

1. 制造业两位细分行业 CR_4 相关数据的搜集及整理

首先，本研究根据中国企业联合会、中国企业家协会按照国际惯例推出的2006年、2008年及2011年中国制造业企业500强名单，按照国家统计局公布的制造业行业细分标准对进入500强的企业名单逐一进行分类整理得到 CR_4 的分子，即制造业两位细分行业相关年份的前四名最大企业的营业额；其次，根据《中国工业经济统计年鉴》公布的数据整理得到 CR_4 的分母；最后，进行计算得到制造业两位细分行业的 CR_4，见表3-3。由于C19、C20、C21、C41、C42、C43，即皮革、毛皮、羽毛（绒）及其制品业，木材加工及木、竹、藤、棕、草制品业，家具制造业，仪器仪表及文化、办公用机械制造业，工艺品及其制造业，废弃资源和废旧材料回收加工业，受行业规模及盈利能力所限，在500强名单中没有完整的体现，故在分析时舍弃，但这并不影响FDI对中国制造业分析的总体影响。

表3-3 2005年、2007年、2010年度制造业两位细分行业 CR_4 变化趋势

序号	行业	CR_4		
		2005年	2007年	2010年
1	C13：农副食品加工业	5.10	7.64	4.89
2	C14：食品制造业	10.19	18.78	17.31
3	C15：饮料制造业	15.46	16.48	18.01
4	C16：烟草制造业	29.40	39.36	44.41
5	C17：纺织业	6.86	8.88	8.35
6	C18：纺织服装、鞋、帽制造业	10.05	8.78	8.55
7	C22：造纸及纸制品业	9.08	7.81	8.77

续表

序号	行业	CR_4		
		2005 年	2007 年	2010 年
8	C25：石油加工、炼焦及核燃料加工业	2.46	3.47	70.10
9	C26：化学原料及化学制品制造业	4.87	7.86	6.44
10	C27：医药制造业	9.94	16.69	11.88
11	C28：化学纤维制造业	18.06	17.65	24.17
12	C29：橡胶制造业	13.09	12.53	11.99
13	C30：塑料制造业	—	3.62	4.45
14	C31：非金属矿物制造业	5.05	7.48	8.64
15	C32：黑色金属冶炼及压延加工业	17.20	17.41	17.47
16	C33：有色金属冶炼及压延加工业	9.52	14.58	16.20
17	C34：金属制品业	10.18	11.63	9.34
18	C35：通用设备制造业	5.13	4.10	4.46
19	C36：专用设备制造业	12.54	35.18	30.01
20	C37：交通运输设备制造业	19.96	24.35	22.52
21	C39：电气机械及器材制造业	13.33%	13.19	10.07
22	C40：通信设备计算机及其他电子设备制造业	10.53	13.41	10.65

数据来源：依据 2006 年、2008 年、2011 年制造业企业 500 强数据及历年《中国工业经济统计年鉴》计算整理。

由表 3-3 可知，按照上文提到的贝恩对市场结构的分类方法，我国制造业行业几乎全部属于原子型结构，CR_4 值基本都在 30% 以下，除了烟草制造业 2010 年市场集中度达到 44.41%，属于中（下）集中寡占型。2005 年的市场集中度普遍偏低，除烟草制造业之外，最高的也只有 19.96%，2007 年市场集中度较上年有所上升的行业有 16 个，其中上升最多的当属专用设备制造业，上升了 22.64 个百分点，市场集中度下降的行业有 6 个，这说明中国大部分制造业正在逐步走向正规，资源的配置趋于合理化。

2010 年市场集中度状况不容客观，相较于 2007 年，有 12 个行业的市场集中度都是下降的，只有 10 个行业的市场集中度是上升的，说明中国制造业的市场结构很不合理，需要加以改善。

2. 制造业两位细分行业进入壁垒的量化

如上文所述，本研究采用企业规模比重法对制造业进入壁垒进行量化，具体思路为：根据《中国工业经济统计年鉴》，将“按行业分组的大中型工业企业数”除以“按行业分组的规模以上工业企业数”作为标准，数值越大，表明进入壁垒越大，反之，数值越小，表明进入壁垒越小（见表 3－4 和表 3－5）。与制造业两位细分 CR_4 保持一致，只保留了 20 个部门的数值，但这并不影响整体分析效果。

表 3－4　2005 年、2007 年、2010 年度按行业分规模以上企业数及大中型企业数

序号	行业	企业单位数（家）					
		2005 年		2007 年		2010 年	
		规模以上企业数	大中型企业数	规模以上企业数	大中型企业数	规模以上企业数	大中型企业数
1	C13：农副食品加工业	14575	996	18140	1243	25612	1842
2	C14：食品制造业	5553	633	6644	793	9152	1068
3	C15：饮料制造业	3519	555	4422	645	6371	790
4	C16：烟草制造业	190	108	150	87	151	98
5	C17：纺织业	22569	2635	27914	2947	33384	3423
6	C25：石油加工、炼焦及核燃料加工业	1990	408	2149	467	2324	543
7	C26：化学材料及化学制品制造业	18716	1729	22981	1985	29504	2436
8	C27：医药制造业	4971	795	5748	887	7039	1125
9	C28：化学纤维制造业	1306	210	1556	224	1939	256
10	C29：橡胶制造业	3034	374	3695	429	4856	521
11	C30：塑料制造业	12041	810	15376	1030	21033	1325

续表

序号	行业	企业单位数（家）					
		2005年		2007年		2010年	
		规模以上企业数	大中型企业数	规模以上企业数	大中型企业数	规模以上企业数	大中型企业数
12	C31：非金属矿物制品业	20111	1868	24278	2159	34793	2718
13	C32：黑色金属冶炼及压延加工业	6649	970	7161	1078	7881	1225
14	C33：有色金属冶炼及压延加工业	5163	585	6701	767	8200	1002
15	C34：金属制品业	13802	912	18008	1247	25703	1639
16	C35：通用设备制造业	19981	1759	26757	2174	39699	2798
17	C36：专用设备制造业	10260	1022	13409	1324	20083	1754
18	C37：交通运输设备制造业	11315	172 5	14091	2238	20718	3150
19	C39：电气机械及器材制造业	15366	1934	19322	2518	27537	3408
20	C40：通信设备计算机及其他电子设备制造业	8868	2184	11220	2857	14838	3716

数据来源：根据历年《中国工业经济统计年鉴》整理得到。

由企业数目法分析表3-4中行业进入壁垒可以看出，2005年纺织业和非金属矿物制品业规模以上企业数是最多的，分别达到22569家和20111家，2007年这两个行业规模以上企业数分别增至27914家和24278家，2010年更是增至33384家和34793家，可见其进入壁垒相对较低，而2005年规模以上企业数最低的行业分别是烟草制造业和化学纤维制造业，分别只有190家和1306家，2007年烟草制造业规模以上企业数不增反降，为150家，2010年也只有151家，化学纤维制造业在2007年和2010年分别增至1556家和1939家，是增速比较慢的，烟草制造业的进入壁垒主要是产品差异化壁垒和制度性壁垒，而化学纤维制造业的进入壁垒主要是绝对优势成本壁垒，其次是规模经济壁垒、技术优势壁垒和制度性壁垒。

表3－5　2005年、2007年、2010年度按行业分大中型企业所占比重情况

单位：%

序号	行业	大中型企业所占比重		
		2005年	2007年	2010年
1	C13：农副食品加工业	6.83	6.85	7.19
2	C14：食品制造业	11.40	11.94	11.67
3	C15：饮料制造业	15.77	14.59	12.40
4	C16：烟草制造业	56.84	58.00	64.90
5	C17：纺织业	11.68	10.56	10.25
6	C25：石油加工、炼焦及核燃料加工业	20.50	21.73	23.36
7	C26：化学材料及化学制品制造业	9.24	8.64	8.26
8	C27：医药制造业	15.99	15.43	15.98
9	C28：化学纤维制造业	16.08	14.40	13.20
10	C29：橡胶制造业	12.33	11.61	10.73
11	C30：塑料制造业	6.73	6.70	6.30
12	C31：非金属矿物制品业	9.29	8.89	7.81
13	C32：黑色金属冶炼及压延加工业	14.59	15.05	15.54
14	C33：有色金属冶炼及压延加工业	11.33	11.45	12.22
15	C34：金属制品业	6.61	6.92	6.38
16	C35：通用设备制造业	8.80	8.12	7.05
17	C36：专用设备制造业	9.96	9.87	8.73
18	C37：交通运输设备制造业	15.25	15.88	15.20
19	C39：电气机械及器材制造业	12.59	13.03	12.38
20	C40：通信设备计算机及其他电子设备制造业	24.63	25.46	25.04

数据来源：依据历年《中国工业经济统计年鉴》计算整理。

用企业规模比重法分析表3－5，可以看出，烟草制造业的比重明显高于其他行业，在 50% 以上，2010 年更是达到了 64.90%，这与企业数目法分析的结果是一致的。其次是通信设备计算机及其他电子设备制造业，比重稳定在 25% 左右，分析可知，通信设备计算机及其他电子设备制造业的进入壁垒主要包括规模经济壁垒、产品差异化壁垒和技术优势壁垒。企业规模比重最低的行业有金属制品业、塑料制造业和农副食品加工业，比重在 6% ~8% 之间浮动，因为这些行业的规模经济壁垒、产品差异化壁垒、绝对成本优势壁垒、技术优势壁垒及制度性壁垒相对较低，尤其是金属制品业，相对于其他行业来说，这 5 种进入壁垒都是最低级别的，综合起来其进入壁垒也是最低的。

3.1.3　建立市场结构投入产出模型

根据里昂惕夫的基本投入产出模型：$X = AX + Y$

求解 X，可以得出：$X = (I - A)^{-1} Y$

其中，X、Y 表示国民经济中部门总产出向量和最终需求向量；A 为直接消耗系数矩阵，其第 i 行第 j 列的元素 a_{ij} 表示第 j 部门生产单位产品直接消耗第 i 部门的产品数量，直接消耗系数反映了部门之间的直接经济技术联系；I 是 A 的同阶单位矩阵；$(I - A)^{-1}$ 为完全消耗系数矩阵，即里昂惕夫逆矩阵，其第 i 行第 j 列的元素 b_{ij} 表示第 j 部门每提供 1 个单位最终产品时，对第 i 部门产品和服务的直接和全部间接需求量之和。从中国投入产出协会可得到 2005 年、2007 年 42 个部门的完全消耗系数矩阵及 2010 年 41 个部门的直接流量表，在直接流量表的基础上可计算获得直接消耗系数矩阵，从而通过 Matlab 软件算出 41 个部门的完全消耗系数矩阵。

2005 年和 2007 年的投入产出表中将制造业部门分为 17 个部门，2010 年的投入产出表中将其分为 16 个部门，即合并了工艺品及其他制造业和废品废料。结合已得的制造业两位细分行业的市场集中度和进入壁垒的数据，对相关部门进行合并使其与投入产出表中的部门相对应，研究 11 个部门的情况。具体如下：食品制造及烟草加工业（农副产品加工业，食品制造业，饮料制造业，烟草制造业）；纺织业；石油加工、炼焦及核燃料加工业；化学工业（化学原料及化学制品制造业，医药制造业，化学纤维制造业，橡胶制造业，塑料制造业）；非金属矿物制品业；金属冶炼及压延加工业（黑色金属冶炼及压延加工业，有色金属冶炼及压延加工业）；金属制品业；通用、专用设备制造业（通用设备制造业，专用设备制造业）；交通运输设备制造业；电气、机械及器材制造业；通信设备、计算机及其他电子设备制造业。为此，在运用投入产出表时，相应地选取其中 11 个制造业部门组成中国制造业 11 部门的投入产出完全消耗系数矩阵，即 $(I-A)^{-1}_{11*11}$。用 P_{2*11} 表示制造业 11 个部门两个指标矩阵。在 11 个部门完全消耗系数矩阵前乘以市场结构系数矩阵 P_{2*11}，即 $P*(I-A)^{-1}$ 就可以计算出制造业 11 部门两个指标的市场结构系数矩阵，该矩阵为 2 * 11 矩阵，其中每一个元素表示某行业单位产出价值（亿元）所引起的全部直接和间接的市场结构效应。

鉴于上述思考，需要将制造业两位细分行业的市场集中度和进入壁垒分别进行合并，再将市场集中度进行行业合并时采用加权平均法，即将各个行业的营业收入与需要进行合并的行业的总的营业收入的比值作为权重，合并结果见表 3-6。在进行进入壁垒行业合并时，以规模以上企业数作为权重，即以单个行业规模以上企业数与需要合并的行业的总企业数的比值作为权重，合并结果见表 3-7。

表 3-6　2005 年、2007 年、2010 年行业合并之后的市场集中度（CR_4）情况

序号	行业	CR_4		
		2005 年	2007 年	2010 年
1	食品制造及烟草加工业	11.10	14.83	12.82
2	纺织业	6.86	8.88	8.35

续表

序号	行业	CR_4		
		2005年	2007年	2010年
3	石油加工、炼焦及核燃料加工业	2.46	3.47	70.10
4	化学工业	7.00	9.41	8.32
5	非金属矿物制造业	5.05	7.48	8.64
6	金属冶炼及压延加工业	15.16	16.45	17.03
7	金属制品业	10.18	11.63	9.34
8	通用、专用设备制造业	7.86	15.45	14.23
9	交通运输设备制造业	19.96	24.35	22.52
10	电气机械及器材制造业	13.33	13.19	10.07
11	通信设备计算机及其他电子设备制造业	10.53	13.41	10.65

数据来源：依据2006年、2008年、2011年制造业企业500强数据及历年《中国工业经济统计年鉴》计算整理。

表3-7　2005年、2007年、2010年大中型企业所占比重情况

序号	行业	大中型企业所占比重		
		2005年	2007年	2010年
1	食品制造及烟草加工业	9.62	9.43	9.20
2	纺织业	11.68	10.56	10.25
3	石油加工、炼焦及核燃料加工业	20.50	21.73	23.36
4	化学工业	9.78	9.23	8.80
5	非金属矿物制品业	9.29	8.89	7.81
6	金属冶炼及压延加工业	13.16	13.31	13.85
7	金属制品业	6.61	6.92	6.38
8	通用、专用设备制造业	9.20	8.71	7.61
9	交通运输设备制造业	15.25	15.88	15.20
10	电气机械及器材制造业	12.59	13.03	12.38
11	通信设备计算机及其他电子设备制造业	24.63	25.46	25.04

数据来源：依据历年的《中国工业经济统计年鉴》计算整理。

3.1.4 研究思路与研究方法

应用投入产出模型，从产业链的角度分析外商直接投资对中国制造业市场结构的全部效应时，需要考虑以下两个层面：首先，FDI 流入某个制造行业后，将促进该行业产出和市场结构的改变。外资企业产出的行业占比越高，FDI 对该行业的直接影响越强，我们将其定义为“FDI 对某行业的直接影响效应”。其次，根据产业关联，FDI 流入某个行业后，还会对其他相关行业的市场结构产生间接效应，定义为“FDI 的间接影响效应”。这种间接影响效应可分为两种：一是某行业中外资企业的加工生产会对相关行业的产品产生直接和间接的需求，进而导致这些行业产出和市场结构的改变，我们定义为“FDI 对其他行业的间接影响效应”；二是流入相关行业中的 FDI，会通过产业关联对某行业的产品产生直接和间接需求，进而导致该行业产出和市场结构的改变。我们定义为“FDI 对某行业的间接影响效应”。基于上述两个层面，具体研究方法如下：

1. FDI 对某行业的直接影响效应

通常某行业 FDI 企业产出的行业占比越高，且该行业市场集中度和进入壁垒越低，则 FDI 对该行业的直接影响效应越强，因此，行业市场集中度和进入壁垒与 FDI 行业占比之间的关系能准确描述 FDI 对进入行业的直接影响效应。

定义 FDI 行业占比指标为：外商直接投资企业工业总产值在某行业工业总产值中所占的比重。其中，外商直接投资企业工业总产值用各行业外商投资和港澳台商投资工业企业工业总产值表示（见表 3 - 8）。

表3-8　2005—2010年我国制造业FDI行业占比情况

序号	行业类别	FDI行业占比			
		2005年	2007年	2010年	均值
1	食品制造及烟草加工业	27.48	28.76	24.08	26.77
2	纺织业	25.19	23.76	21.01	23.32
3	石油加工、炼焦及核燃料加工业	10.41	14.48	13.31	12.73
4	化学工业	29.43	30.17	27.83	29.14
5	非金属矿物制品业	18.55	18.81	14.30	17.22
6	金属冶炼及压延加工业	13.08	14.30	12.97	13.45
7	金属制品业	36.90	34.78	25.44	32.37
8	通用、专用设备制造业	27.45	28.02	24.00	26.49
9	交通运输设备制造业	43.31	46.22	45.09	44.87
10	电气机械及器材制造业	37.99	37.28	31.36	35.54
11	通信设备计算机及其他电子设备制造业	83.53	83.58	76.63	81.25

数据来源：根据历年《中国工业经济统计年鉴》计算整理。

从表3-8中可以看出，2005年FDI行业占比最高的是通信设备计算机及其他电子设备制造业，达到83.53%，其次是交通运输设备制造业，达到43.31%，再次是电气机械及器材制造业，达到37.99%，这说明外商直接投资企业对这三个行业的投入是非常大的，也说明这三个行业对外资的制度性壁垒比较低，同时，在外资进驻到这三个行业之后会明显提高这三个行业的技术性进入壁垒及规模经济壁垒。2007年FDI行业占比最高的三个行业依次是通信设备计算机及其他电子设备制造业、交通运输设备制造业和电气机械及器材制造业，与2005年的情况类似。2010年FDI行业占比最高的三个行业依然是通信设备、计算机及其他电子设备制造业、交通运输设备制造业和电气机械及器材制造业，但是较2007年都有下降，下降最多的是通信设备计算机及其他电子设备制造业，这与国家的政策密切相关，而且与我国自主研发能力的增强有明显的关联。总体来说，FDI制造业行业占比相对较高，均值最低的石油加工、炼焦及核燃料加工业达到 12.73%，这无疑将对中国制造业市场结构产生深远的影响。

2. FDI 对其他行业的间接影响效应

为研究 FDI 流入某行业后，通过产业关联对其他相关行业市场结构的影响，本研究在计算市场结构完全系数矩阵 $P*(I-A)^{-1}_{2*11}$ 时，先剔出完全消耗系数矩阵 $(I-A)^{-1}_{11*11}$ 的对角线值，即忽略了行业内的投入产出，然后与市场结构矩阵 P 相乘，此时该矩阵中的每一个元素表示某行业单位产出价值（亿元）所引起的其他行业结构变动量。某行业 FDI 行业占比越高，且该行业对其他行业市场结构的影响强度越大，那么，流入该行业的 FDI 对其他行业的间接影响效应越强。

3. FDI 对某行业的间接影响效应

流入某行业的 FDI 对其他行业市场结构产生间接影响的同时，流入其他行业的 FDI 对该行业的市场结构也会产生间接影响，这类影响发生在该行业，却是由其他行业的外资企业需求所引起。我们首先构造 FDI 对某行业产品的直接和间接需求指标：

$$\text{FDI 对某行业产品需求指标}_{jt} = \sum_{k \neq j} \alpha_{jk} * \text{FDI 行业占比}_{kt}$$

α_{jk} 表示东道国上游 j 部门产出被下游 k 部门直接和间接购买的中间产品数量，即完全消耗系数矩阵中的元素，并且剔除对角线值。通常，FDI 对某行业的产品需求指标越大，且该行业的市场集中度较小，则 FDI 对该行业的间接影响效应越强。

3.2 数据研究结果及说明

上述两个指标是本部分研究测量 FDI 流入对我国制造业各行业全部直接和间接影响效应的主要途径和方法。基于这两个指标，我们将全面分析

FDI流入对中国制造业市场结构的全部直接和间接影响。

3.2.1　FDI对制造业市场结构的直接影响效应

FDI进入制造业某行业，不管其以何种方式进入，都会对该行业的市场结构产生影响，且外资企业产出行业占比越高，其影响越大。表3-9列出了2005—2010年制造业11部门市场集中度和进入壁垒指标的平均值及FDI行业占比的平均值。

表3-9　制造业各行业市场集中度和进入壁垒指标均值及FDI行业占比均值

序号	行业	市场集中度 2005—2010 均值	进入壁垒 2005—2010 均值	FDI行业占比 2005—2010 均值
1	食品制造及烟草加工业	0.1292	0.0942	0.2677
2	纺织业	0.0803	0.1083	0.2332
3	石油加工、炼焦及核燃料加工业	0.2534	0.2186	0.1273
4	化学工业	0.0824	0.0927	0.2914
5	非金属矿物制品业	0.0706	0.0866	0.1722
6	金属冶炼及压延加工业	0.1621	0.1344	0.1345
7	金属制品业	0.1038	0.0664	0.3237
8	通用、专用设备制造业	0.1251	0.0851	0.2649
9	交通运输设备制造业	0.2228	0.1544	0.4487
10	电气、机械及器材制造业	0.1220	0.1267	0.3554
11	通信设备计算机及其他电子设备制造业	0.1153	0.2504	0.8125

数据来源：依据2006年、2008年、2011年制造业企业500强数据及历年《中国工业经济统计年鉴》计算整理。

根据表3-9的结果可以看出，首先，衡量2005—2010制造业行业市场集中度的平均值，石油加工、炼焦及核燃料加工业，交通运输设备制造业和金属冶炼及压延加工业的平均值明显高于其他行业，是市场集中度相对较高的行业；衡量进入壁垒指标，通信设备计算机及其他电子设备制造业，石油加工、炼焦及核燃料加工业，交通运输设备制造业明显高于其他行业，综合来说，石油加工、炼焦及核燃料加工业，交通运输设备制造业，金属冶炼及压延加工业和通信设备计算机及其他电子设备制造业的市场集中度和进入壁垒较高，市场竞争较充分又没有形成垄断。其次，从2005—2010年的FDI行业占比均值来看，通信设备、计算机及其他电子设备制造业，交通运输设备制造业，电气、机械及器材制造业，金属制品业和化学工业是FDI流入较多的部门。最后，对比制造业FDI行业占比均值和各行业市场结构可以发现，FDI流入较多的部门，其市场结构也更加趋于合理，市场集中度相对较高，资源配置更趋合理。例如，通信设备计算机及其他电子设备制造业FDI历年流入的平均值达到81.25%，是制造业中FDI流入最多的行业，其市场集中度是在各行业中处于中等水平，进入壁垒指标平均值是制造业中最高的；与此同时，市场集中度和进入壁垒较低的非金属矿物制品业，历年均值分别为7.06%和8.66%，是制造业11部门中的最低值，而FDI行业占比均值为17.22%，相对较低。综上所述，就FDI对市场结构的直接影响效应来说，由于FDI流入较多的部门是市场集中度和进入壁垒较高的部门，而市场集中度和进入壁垒较低的部门FDI流入较少，因此，容易得出FDI提高了我国制造业市场集中度和进入壁垒，但是并没有达到垄断的程度。

3.2.2 FDI对制造业其他行业市场结构的间接影响效应

在分析FDI对制造业的市场结构影响时，除了要分析直接影响还要分析间接影响效应。基于修正后的市场结构完全消耗系数矩阵，本部分研究测算了制造业各行业单位产出价值（亿元）所引起其他行业结构变化的数值，并结合FDI的行业占比均值，更准确地描述了某行业FDI对其他行业市场结构的间接效应。

表 3-10　制造业各行业单位产出价值对其他行业市场结构的影响与 FDI 行业占比均值

行业	制造业某行业单位产出价值（亿元）引起市场结构的变化量						FDI 行业占比 2005—2010 年
	市场集中度			进入壁垒			
	2005 年	2007 年	2010 年	2005 年	2007 年	2010 年	均值
1	0.0421	0.0512	0.0827	0.0598	0.0562	0.0557	0.2677
2	0.0712	0.0989	0.1291	0.0976	0.1006	0.0910	0.2332
3	0.0539	0.0827	0.0741	0.0609	0.0694	0.0630	0.1273
4	0.0584	0.0806	0.1912	0.0854	0.0998	0.1002	0.2914
5	0.0878	0.1097	0.2006	0.1213	0.1135	0.1236	0.1722
6	0.0522	0.0768	0.1758	0.0887	0.0921	0.0972	0.1345
7	0.1585	0.2036	0.2710	0.1785	0.1893	0.1879	0.3237
8	0.1518	0.1829	0.2392	0.1755	0.1848	0.1826	0.2649
9	0.1373	0.1874	0.2292	0.1657	0.1797	0.1704	0.4487
10	0.1531	0.2254	0.2811	0.1881	0.2272	0.2192	0.3554
11	0.1197	0.1363	0.1836	0.1398	0.1274	0.1274	0.8125

注：行业 1~11 对应之前合并的 11 个部门，下同。

数据来源：依据 2006 年、2008 年、2011 年制造业企业 500 强数据及历年《中国工业经济统计年鉴》计算整理得到。

根据表 3-10 可以看出：首先，电气、机械及器材制造业，通用、专用设备制造业，交通运输设备制造业，金属制品业和通信设备计算机及其他电子设备制造业对其他行业的市场集中度和进入壁垒拉动效应相对较高，FDI 的行业占比也相对较高；其次，食品制造及烟草加工业，石油加工、炼焦及核燃料加工业，金属冶炼及压延加工业，化学工业，纺织业和非金属矿物制品业对其他行业的市场集中度和进入壁垒拉动效应相对较小，且 FDI 行业占比相对较低；最后，对比表 3-10 和表 3-11 的研究结果可以看出，交通运输设备制造业，电气、机械及器材制造业和通信设备计算机及其他电子设备制造业市场集中度和进入壁垒本身相对较高，且 FDI 流入较为集中，而且这些行业对其他行业的市场集中度和进入壁垒的拉动效应明显高于其他制造业行业，FDI 大量流入这些行业，通过较强的产业间关联，间接引起其他相关行业的市场集中度和进入壁垒的提升。

综上所述，当从产业链的角度充分考虑 FDI 流入所带来的市场结构效应时，笔者认为，FDI 的流入提高了我国制造业行业的市场集中度和进入壁垒，但并未形成垄断。FDI 的大量流入不仅直接提高了进入行业的市场集中度和进入壁垒，还隐性地提高了相关产业的市场集中度和进入壁垒。因此，应该继续鼓励外资的流入。

3.2.3 FDI 对某行业的间接市场结构影响效应

FDI 流入在导致其他行业市场集中度和进入壁垒改变的同时，该行业的市场集中度和进入壁垒也会受到其他行业的影响，如果其他行业的 FDI 对某行业的产品需求较大，则 FDI 对该行业的市场结构影响就较大。根据上述方法，我们测算了 FDI 对某行业产品需求指标，并结合制造业各行业市场集中度和进入壁垒值，全面分析了其他行业 FDI 对某行业市场结构的影响程度。

表 3-11 FDI 对某行业产品需求指标与各行业市场结构指标

行业	FDI 对某行业产品需求指标			市场集中度指标			进入壁垒指标		
	2005 年	2007 年	2010 年	2005 年	2007 年	2010 年	2005 年	2007 年	2010 年
1	0.0794	0.1386	0.1493	0.1110	0.1483	0.1282	0.0962	0.0943	0.0920
2	0.0650	0.0708	0.0752	0.0686	0.0888	0.0835	0.1168	0.1056	0.1025
3	0.3228	0.3403	0.3033	0.0246	0.0347	0.7010	0.2050	0.2173	0.2336
4	0.9162	0.9025	0.8157	0.0700	0.0941	0.0832	0.0978	0.0923	0.0880
5	0.1935	0.1342	0.1502	0.0505	0.0748	0.0864	0.0929	0.0889	0.0781

续表

行业	FDI对某行业产品需求指标			市场集中度指标			进入壁垒指标		
	2005年	2007年	2010年	2005年	2007年	2010年	2005年	2007年	2010年
6	1. 1219	1. 2066	0. 9491	0. 1516	0. 1645	0. 1703	0. 1316	0. 1331	0. 1385
7	0. 1963	0. 2234	0. 2012	0. 1018	0. 1163	0. 0934	0. 0661	0. 0692	0. 0638
8	0. 2883	0. 4053	0. 3880	0. 0786	0. 1545	0. 1423	0. 0920	0. 0871	0. 0761
9	0. 1218	0. 1322	0. 1198	0. 1996	0. 2435	0. 2252	0. 1525	0. 1588	0. 1520
10	0. 3050	0. 2440	0. 2181	0. 1333	0. 1319	0. 1007	0. 1259	0. 1303	0. 1238
11	0. 1932	0. 2069	0. 1560	0. 1053	0. 1341	0. 1065	0. 2463	0. 2546	0. 2504

数据来源：根据2006年、2008年、2011年制造业企业500强数据及历年《中国工业经济统计年鉴》计算整理。

根据表3－11的结果可以看出：首先，从FDI对某行业的市场集中度的间接影响来看，金属冶炼及压延加工业，电气、机械及器材制造业和石油加工、炼焦及核燃料加工业受其他行业FDI影响较大，其原因在于其本身具有规模经济效应和成本优势，且FDI企业对这些行业产品需求指标也相对较大，上述两个原因导致了FDI对这类行业的间接影响效应较强。其次，从其他行业FDI对某行业进入壁垒的间接影响来看，金属冶炼及压延加工业，石油加工、炼焦及核燃料加工业和电气、机械及器材制造业等进入壁垒较高的行业，其他行业的FDI对这些行业产品需求指标也相对较大。因此，FDI对这些行业的进入壁垒的间接影响相对较大。最后，FDI对化学工业和通用、专用设备制造业产品需求指标较大，分别为0. 9162和0. 2883，但由于其本身市场结构相对较为稳定，因此FDI对这类行业的市场集中度和进入壁垒影响也相对较低。

第4章 研究结论与政策启示

Chapter Four

4.1 研究结论

本部分基于产业链的角度，通过投入产出分析研究了制造业中 FDI 对进入行业的市场集中度和进入壁垒的直接和间接效应。总结起来有以下三点：

首先，外商直接投资提高了中国制造业的市场集中度。研究结果表明：制造业 11 个部门中，FDI 流入的行业多为市场集中度高的行业；相反，市场集中度低的行业 FDI 占比则较少。因此，当不考虑产业间关联时，我国的外资引进会提升相应行业的市场集中度。而当引入投入产出模型时，通过 FDI 对制造业市场集中度的间接影响效应分析，得出 FDI 会通过间接效应，提升相应行业的市场集中度，关联度越强，提升效应越明显。

其次，外商直接投资提高了部分制造业的进入壁垒。进入壁垒包括经济性进入壁垒和非经济性进入壁垒，也称结构性进入壁垒和制度性进入壁垒。外商直接投资直接影响的是经济性进入壁垒。如前文所述，外资大量进入中国以前，中国制造业行业进入壁垒普遍偏低，外资公司进入中国之后，不但迅速突破了各种进入壁垒，还构建了相应的进入壁垒，提升了我国部分行业的进入壁垒。这主要是由于外资进入的同时会带来先进的生产技术和管理经验，构筑起技术优势壁垒和产品差异化壁垒，进而形成规模经济壁垒，整体上提高行业进入壁垒。当然，值得一提的是，外资进入越多的行业对进入壁垒的影响程度越大，进入较少的行业对进入壁垒的影响程度越小。

最后，外商投资企业在中国并未形成垄断。从以上分析中可以看出，中国制造业市场集中度普遍偏低，在外资大量进入之前和进入之后都没有形成垄断，市场集中度最高的烟草行业2010年 CR_4 也只有44.41%，而且这个是外资进入比较少的行业。所以，外资的进入不会造成中国制造业市场垄断。

4.2 政策启示

本部分对外商直接投资对我国制造业市场结构的影响机理进行了分析，并通过构建投入产出模型就FDI对制造业两位细分行业的市场集中度和进入壁垒进行了实证分析。为了提高外资的正面效应和我国产业的市场竞争力，在基于外商直接投资对中国制造业市场结构的影响机理及实证分析情况下，对中国相关的经济政策提出如下建议：

4.2.1 促进竞争政策合理化，优化国内竞争环境

第一，为了避免世界巨型跨国公司在中国市场形成垄断，要在开放行业引进两家以上的跨国公司。总体来说在我国企业竞争实力相对弱小，在还不足以与跨国公司相抗衡的情况下，政府通过制定合理的竞争政策，单一产品领域引进两家以上跨国公司前来投资，降低行业的非经济进入壁垒，会有助于形成外商直接投资企业之间的竞争；加上市场更加开放，不同利益集团的外商直接投资企业为了在中国市场上继续生存和更快地发展，就必须提供优质的产品和先进的技术，否则中国这个大市场就会被其

他的竞争者挤占，这就迫使外商直接投资企业引进国际最先进的技术，也就是说通过竞争诱导技术流入。

第二，取消不平等的竞争政策，鼓励国内企业平等参与竞争。国内市场不断成熟，我国对外商直接投资企业的优惠政策和对待国内外企业的差别政策、倾斜政策等加强了外商直接投资企业的竞争优势，使我国的企业处于不利的竞争地位，这已经成为制约国内企业尤其是民营企业进一步发展和提高竞争力的障碍，一定程度上造成产业经济发展的安全隐患。对国内国外企业，要建立统一的政策标准，强调执法机制的统一以及税收、土地、环境、生产安全和社会保障等政策的统一，尤其是市场准入规则的统一，要建立统一、规范、公开的竞争准入制度，从根本上消除竞争障碍。例如，对于招商引资的项目，对国内外投资者包括民营企业一视同仁，通过公开招投标的方式来进行，促使内资企业发挥自身优势以积极参与竞争，充分利用对外开放的机遇，增强开拓市场、创新技术和培育自主品牌的能力。

第三，制定相关政策，鼓励国有企业在参与竞争中提高竞争力。通过深化改革，完善现代企业制度，消除体制性障碍，使国有企业真正发展成为自主经营、自负盈亏的法人实体和市场竞争主体。鼓励国内企业与愿意转移先进技术和高附加值制造加工环节、在华有长期发展战略、有运作全球化大企业丰富经验的大型跨国公司合资合作，增强自身竞争能力和长期发展能力。

第四，切实执行《反垄断法》，加大违规者的处罚力度，并且实时修正，以使其更加适合中国的国情和民情。适时修正《反不正当竞争法》，健全规范竞争秩序的法律体系，对各个领域的竞争秩序作出具体明确的规定。外商直接投资企业总是逐利的，利益最大化的动机及其竞争优势，在理论上存在导致垄断的可能性。尽管我们的实证研究表明目前这种担忧尚未成事实，但是外资在我国市场已出现一些倾销及限制竞争等行为，从利用外资政策及产业政策的角度来看，如果忽视监管跨国公司在行业中的市场行为，则跨国公司对一些行业的垄断不是不可能的。此外，由于跨国公司并购东道国国内企业时，还可能会使用商业贿赂、非法融资、欺诈舞弊、恶意并购等不正当竞争手段，为约束和规范大型跨国公司在本国市场的竞争行为，《反不正当竞争法》正在被越来越多的国家采用。通过这些法律的制定和严格执行，反对包括外商直接投资企业在内的各种企业通过种种途径限制和妨碍市场竞争，监督一些大企业滥用经济力，控制大企业的合并。强化信息披露制度，加强对关联交易的审计，对可能导致垄断经营的行为如并购行为进行严格审查，约束跨国公司可能产生的垄断行为和其他不正当竞争行为。

4.2.2　规范引资政策，促进先进技术转移

有效地促进技术转移是我国引进外资的重要战略目的，在引进外资时我们应该坚持以下原则：

第一，从以提供优惠为主转向以加大开放度为主来吸引外商投资。过去我国为吸引外资，制定了很多的优惠政策，这些优惠政策一方面使原本实力较弱的内资企业在与外商直接投资企业竞争中处于更为不利的竞争地位，另一方面，也在一定程度上抑制了国内民间资本的投资积极性。我国改革开放的实践表明，对外商投资实行优惠政策的结果只能吸引港澳台的中小短期投资者，欧美跨国公司这类长期的战略投资者，更看重的是中国稳定的法律环境和更为开放、成熟的市场机制。2012 年，中国吸引外资 1676 亿美元，仅次于美国，这主要得益于国内稳定的政局、潜在消费需求的增长和良好的市场环境。在这种情况下，完全可以通过更加开放的市场政策来取代对外商投资的政策优惠。因此，我国应重新考虑引进外资战略，适当加大开放力度。

第二，在引进外资时要有选择性，并注重合资企业中对自有品牌等产

权的保护。目前，我国对资金的需求已由开放初期的总量性稀缺转变为结构性稀缺，因此在进一步引进外资时，要有选择地进行，注重引资的质量，并且，鉴于技术资源和知识产品在股东行使产权过程中具有决定性作用，在组建合资企业及其以后的运营中，中方既不能轻易放弃自己已有的专利技术、专有技术、销售渠道、商标、品牌、商誉等知识产权，也不应放弃自己在合资经营过程中从事独立的知识产品开发的权利。无条件地盲目进行合资会造成企业实力的减弱，无形资产的流失，经济效益的下滑。活生生的例子是，早些年啤酒行业在国内一些地方兴起的“合资热”，只要有合资意向的国外投资者，地方政府就积极提供政策等方面的优惠，而对其资信能力的审查却有所放松，以致有的企业在合资后资金不能按合同规定到位，或有的根本没有企业管理水平或对啤酒行业知之甚少，合资后导致企业效益严重下滑。此外，在合资过程中，中方缺乏对知识产权保护等方面的意识，合资心切，造成企业产品、品牌等无形资产的丧失，在日后的经营中处于被动地位。鉴于此，更需要通过引资政策进行规范。

第三，立足双方共同利益，真正实现“以市场换技术”的战略目标。我们必须清楚地认识到目前各行业的市场结构和竞争态势，搞清楚跨国资本的目的和现实需要，寻求双方的利益共同点。目前，国际市场虽然经历了金融危机，但是经过一段时间的修复，发达国家的资本依然过剩，对外投资的需求依然存在，而中国是具有较大潜力的市场，市场就意味着产生利润的可能性，我们要充分利用市场的吸引力，使跨国公司不得不出让一部分先进技术作为进入中国市场的条件。以前“以市场换技术”的策略没取得应有的效应，关键在于这一策略的实施没有明确的政策法规予以支持和配合，没有把市场出让的程度与转让技术的类型、期限作为对等条件，也没有在《中外合资企业法》及其《实施细则》中加以规定，流于一种口号形式，从而导致中外双方在签订合资合同时，外方尽量避免有效的技术转让，中方由于受各种因素及利益驱使，没有争取在出让市场的同时，最大限度地引进高新技术。因此，以后我们要引以为鉴，制定更加明确具体的引资政策和法规，在引进外资时，以是否转让先进技术作为谈判的重点，促进这一战略的实施，真正达到“以市场换技术”的效果。

第四，要以培养和提高国内的技术开发能力为目标引进外资。这就要求在引进外资时要考虑国内的技术现状，要在国内有一定消化吸收能力的基础上进行引进，并能够预见引进后结合国内产业技术状况，有可能实现的技术突破，从而起到引进技术为实现自主开发积蓄力量、奠定基础的作用，使本国的产品开发能力切实得到提高。并且随着中方自主开发能力的增强，积极开发和培育中国品牌。

4.2.3　完善产业政策，不同产业确立不同的开放发展战略

从产业政策的效果来看，一般采取双重目标导向：既要反对过度竞争，大力鼓励兼并活动，力求提高产业集中度；同时还要警惕行业垄断，保证社会福利。在经济全球化条件下，一方面，中国产业的发展环境发生了重大转变；另一方面，我国制造业中产业种类较多，各产业的技术经济性质、产业规模效益预期指标等方面都存在差异，因此，在制定产业政策时要充分考虑不同产业受到的不同外资影响程度。以产业安全和提高产业的国际竞争力为产业发展目标，我国应加强对不同产业特性的分析，确立不同的产业开放发展战略，注重培养中国产业的动态比较优势。

第一，对中国具有国际比较竞争优势以及在开放中逐渐成长起来的产业，如纺织、服装等一些劳动密集型部门，部分机械电子行业等一些劳动技术密集型部门，这些产业是中国具有比较优势的产业，市场化程度高，但国际竞争十分激烈，要对这些产业积极进行技术改造，走新兴工业化道路，走“引进—消化—开发—自主创新”的产业主导型发展道路，在保持

并发展其比较优势的同时，加大研发扶持力度，鼓励其进行技术创新，提高产品的技术含金量，培育自有知识产权品牌，增强产品的价格和非价格竞争力，逐步改变中国在国际产业链中的低附加值地位，争取更多的贸易利益。另外，鼓励企业之间进行兼并整合，组建大集团，提高市场集中度，实现规模经济，在提高质量的基础上降低成本，有条件的还可以“走出去”向其他国家进行投资以扩大这种优势。

第二，对中国目前处于相对劣势或弱势的产业，如部分高技术产业和资本密集型产业等。这些产业关联度大且关系到国民经济全局和国家战略利益，应当运用世界贸易组织中的相关条款以及各种适当的产业政策实行一定程度的扶持和产业保护，前提是这种扶持和保护必须遵循市场经济的规律，与市场调节的方向一致，因为这些产业最终还必须在开放中增强竞争力。

第三，制定产业政策时，目标要细化并且有针对性，政策措施要具体并且可操作性强，能够在实践中切实产生效用。以 2000 年 6 月 24 日国务院发布的《鼓励软件产业和集成电路产业发展的若干政策》为例，其在软件企业认证制度、投融资、税收、收入分配、人才吸引和培养、知识产权保护等方面，都提出了鼓励产业发展的政策措施。该政策的出台有力地促进了我国软件产业的发展。

4.2.4 政府应加大改革力度，切实转变职能

中华人民共和国十二届全国人大一次会议通过的《国务院机构改革和职能转变方案》的突出特点是把机构改革和职能转变有机结合起来，以职能转变为核心。这是我国政府在审时度势的情况下做出的重大决定，为我国更好地实现市场经济、做好“为企业松绑，让市场发力”打下了坚实的基础。

中国经济在从计划经济向市场经济转轨的过程中，政府通过行政手段对经济进行干预，特别是地方政府基于自身利益对内资企业的干预程度较

深，这是造成中国区域性市场结构的主要原因，这不利于形成全国统一的市场、不利于市场进行资源的合理配置、不利于市场结构的进一步优化。通过建立符合世界贸易组织要求的高效的政府经济管理体系，为各类企业参与国际竞争提供便捷周到的服务，继续加大政府改革力度，更进一步转变政府职能。从充分利用外资，促进我国产业发展的角度来说，主要体现在以下四个方面：

第一，要继续从计划经济管理向市场经济管理转变，这个转变包括：①地方政府作为公益事业权力代表作用的职能要逐步强化，而作为国有资产的权力代表作用直接干预企业的职能要逐渐弱化；②地方政府组织、调控、监控经济生活的职能要逐步强化，而直接参与、干预企业活动的职能要逐步弱化；③要从直接管理向间接管理转变，从管理型向服务型转变。要让企业独立自主经营，自负盈亏，各级政府要树立起为企业服务的思想，积极为企业的经济活动创造一个良好宽松的环境。

第二，要继续推进政府职能和工作方式的转变。转变政府职能要继续认真研究分析涉外经济活动的重点，根据新形势的需要，明确界定政府管理的范围和职权，合理确定各个部门之间的分工，将涉外经济活动的管理职能尽可能地进行归并，避免出现政出多门、相互扯皮的现象。以简化行政性审批手续和环节为目的，继续深入改革现行外商投资项目的审批制度。对于鼓励类和允许类的外商投资项目，按照资金渠道，出资人的责任划分中央和地方的审批权范围，改变按照项目总投资额的大小划分审批权，并加快项目的审批时间。

第三，从宏观上建立一个与社会主义市场经济相适应的利用外资管理体系，从微观上建立一个按国际惯例运作，且符合我国国情的利用外资和外商投资企业的管理制度。根据新形势的发展和要求，不断完善利用外资的法律法规，为外商投资提供更透明的法律条件、更充分的法律保障。依法建立健全一套公开公正的外商投资程序，通过高效率的办事程序和严明的法律，吸引更多的外商企业投资，保护外商企业的合法权益。通过外商的直接投资引进国际竞争，加快内资企业特别是国有企业的改革，转换经营机制，提高竞争力，增强国内企业的发展活力。

总之，在政府转变和完善自身职能以及竞争政策、外资政策、产业政策等各项经济政策相互协调的共同作用下，要对 FDI 进行正确引导和规范，发挥其在促进我国市场结构和产业发展方面的积极作用，规避其对产业及经济发展的负面影响。通过利用外资，发挥我国作为后起国家的优势，走自主研发的道路，提高产品的技术含量，力争成为真正的制造业强国。

Part Two

第二部分

外商直接投资对北京制造业结构竞争力的影响：基于投入产出的分析

改革开放以来，外商投资对首都经济的发展产生了深远影响，北京吸引的外商投资不断增加，尤其是外商对北京制造业的投资，为北京的发展提供了一定的资金支持，并产生了较为明显的技术溢出效应，也提高了劳动要素的质量，使得企业的经营管理水平和技术开发、创新等能力得以提高。外资促进了北京制造业的发展，改善了出口商品结构。北京未来要建设科技创新型城市，提高城市的核心竞争力，这些都离不开强大的制造业，因此，研究外资对北京制造业各行业劳动生产率、资本生产率、能源消耗以及污染排放的影响，进而提出相应的政策建议就具有重要的现实意义，可以为北京引领“中国制造 2025”，推动产业结构升级以及提高产业的核心竞争力提供基础性支撑。

第5章 国内外文献述评

Chapter Five

5.1 外商直接投资的技术溢出效应

联合国在《1992年世界投资报告》中论述到：作为产业结构优化的决定性因素，外资的技术转让是其产业带动效应的核心，外资对东道国技术的直接作用是：通过技术溢出提高要素生产率，改变产品结构特别是出口产品结构，促进国外分支机构进行研发，引进组织创新，提高管理水平。间接作用则需要通过与当地研发机构合作，向当地前向和后向合作者转移技术[①]。Lall（1980）在研究印度卡车制造业时发现跨国公司与当地企业通过后向联系（backward linkage）可以产生技术外溢[②]。Kugler（2001）对哥伦比亚的研究发现，FDI的垂直溢出具有明显的积极效应，即FDI进入东道国之后会对供应商和客户的生产率产生积极正向作用[③]。Javorcik（2004）借助投入产出表来度量FDI与立陶宛本土企业之间的联系程度，发现外资

① 联合国跨国中心. 1992年世界投资报告跨国公司：经济增长的引擎［M］. 储祥银等译，北京：对外经济贸易大学出版社，1993.

② Lall, S. Vertical interfirm linkages in LDCs: an empirical study. Oxford Bulletin of Economics and Statistics, 1980 (42): 203-226.

③ Kugler. The Sectoral Diffusion of Spillovers from Foreign Direct Investment, University of Southampton, 2001.

合资企业在上游行业的国内企业中产生了积极的溢出效应[①]。Liu（2002）利用1993—1998年中国深圳经济特区29个制造业行业的数据，分析外商直接投资技术转移的外部性，发现外商直接投资具有很大的溢出效应[②]。邱斌、杨帅、辛培江（2008）认为，FDI总体上对我国内资企业产生了正向技术溢出效应，而且更多的是由后向关联促进技术进步带来的[③]。张宏、李浩然（2011）对我国制造业FDI行业间技术溢出效应进行实证检验，结果显示，我国制造业中FDI行业间的后向溢出效应要比前向溢出效应显著，而由于外商投资企业与下游行业中的内资企业联系较少，从而对其产生的前向溢出效应也较小[④]。王苍峰（2008）采用1999—2003年我国28个制造业行业的面板数据进行实证分析，以期说明制造业行业是否存在外资行业内横向溢出和行业间纵向溢出效应（纵向溢出包括后向联系和前向联系），实证结果表明，对制造业内资而言，外资的后向联系效应作用明显，后向联系是外资技术溢出的重要渠道，而行业内溢出效应和前向联系效应表现为不明显的正向影响[⑤]。陈琳（2011）运用投入产出表构建了前向和后向关联指标，研究FDI对中国制造业企业的垂直型技术外溢，发现外商直接投资通过前向关联，对我国的制造业企业产生了正向且显著

① Javorcik, B. Does foreign direct investment increase the productivity of domestic firms? In search of spillovers through backward linkages [J]. *American Economic Review*, 2004 (94): 605 - 627.

② Liu, Z. Foreign direct investment and technology spillover: evidence from China [J]. *Journal of Comparative Economics*, 2002 (30): 579 - 602.

③ 邱斌，杨帅，辛培江. FDI技术溢出渠道与中国制造业生产率增长研究：基于面板数据的分析 [J]. 世界经济，2008 (8): 20 - 31.

④ 张宏，李浩然. 中国制造业FDI行业间技术溢出效应的实证分析 [J]. 亚太经济，2010 (1): 100 - 105.

⑤ 王苍峰. FDI、行业间联系与溢出效应——基于我国制造业行业面板数据的实证分析 [J]. 世界经济研究，2008 (3): 73 - 79 + 8.

的溢出效应①。贺灿飞、潘峰华（2006）利用 2001—2004 年北京市制造业产业面板数据，对制造业外资的溢出效应进行了实证分析，研究发现，外商直接投资对非国有内资企业的发展壮大产生了一定的抑制作用，但外资对国有企业具有显著的溢出效应②。孟凡臣、周文娟、马文军（2009）以 2003—2007 年北京制造业 27 个行业的面板数据为基础，应用固定效应模型实证分析了 FDI 对北京制造业的技术外溢效应。结果表明，FDI 对北京制造业内资企业的资本使用效率以及劳动生产率的提高都产生了显著的技术外溢效应③。

关于 FDI 对东道国的是否具有正向的技术溢出效应，学者们也有另外一种观点，如 Germidis（1977）考察了 12 个发展中国家的 65 家跨国子公司的样本，发现几乎没有证据表明技术从跨国公司转移到了当地公司④。而 Haddad 和 Harrison（1993）的研究则发现了与摩洛哥直接投资相关的负面溢出效应⑤。Bwalya（2006）观察 1993—1995 年 125 家赞比亚制造企业以及 1974—1998 年的哥伦比亚制造企业，没有发现显著的正向联系⑥。Aitken 和 Harrison（1999）对委内瑞拉的研究发现，外商直接投资对国内

① 陈琳. 产业关联和 FDI 的垂直型外溢——基于中国制造业企业数据的经验研究［J］. 世界经济文汇，2011（1）：73 - 86.

② 贺灿飞，潘峰华. 溢出效应还是挤出效应——对北京市制造业外商直接投资的实证分析［J］. 中国软科学，2006（7）：96 - 104.

③ 孟凡臣，周文娟，马文军. 外商直接投资对北京制造业的技术外溢效应研究［J］. 兵工学报，2009（11）增刊.

④ Germidis，D. Transfer of Technology by Multinational Corporations. Development Center of the OECD，Paris，1977.

⑤ Haddad，M.，Harrison，A. Are there positive spillovers from direct foreign investment? Evidence from panel data from Morocco［J］. *Journal of Development Economics*，1993（42）：51 - 74.

⑥ Bwalya，S. M. Foreign direct investment and technology spillovers：Evidence from panel data analysis of manufacturing firms in Zambia［J］. *Journal of Development Economics*，2006（81）：514 - 526.

公司的生产率产生了负面影响[①]。

5.2 外商直接投资对东道国劳动生产率和资本生产率的影响及影响的路径

Blomstrom 和 Kokko（1996）认为，跨国公司的加入使得东道国企业面临压力，当地企业必须引进新的技术来保护和维护他们原有的市场，或者通过观察和模仿外国子公司的经营方式改变自己的经营方式，这样当地企业生产效率就得以提高[②]。国内外很多学者就外商直接投资对东道国企业生产率的影响及影响路径进行了大量的经验研究和实证研究，如 Rodriguez-Clare（1996）对跨国公司关联效应与东道国经济增长之间的关系进行了经验研究，Rodriguez 认为，跨国公司进入首先会通过后向关联引起东道国上游部门（供应商）生产变化，导致东道国中间产品生产种类增多，同时通过前向关联导致东道国下游部门有更多的新企业进入，并引起东道国生产效率的增加[③]。Zhiqiang Liu（2008）利用中国制造企业的大面板数据，发现在两位数行业之间，FDI 对国内企业的生产率产生了积极的前向溢出效应和后向溢出效应。而 Schoors and Van Der Tol（2002）在对匈牙利的研究中发现，在 FDI 的垂直溢出效应中，前向溢出显著为正，后向溢出显著为负，吸收能力和行业开放度起到了重要作用[④]。Glass 和 Saggi（1998）建

① Aitken, B. J., & Harrison, A. E. Do domestic firms benefit from foreign direct investment? Evidence from Venezuela [J]. *The American Economic Review*, 1999, 89 (3): 605-618.

② Blomstrom, M., Kokko, A. Multinational Corporations and Spillovers. CEPR Discussion Paper, No. 1365, 1996.

③ Rodriguez-Clare, A. Multinationals, linkages, and economic development [J]. *American Economic Review*, Vol. 86, No. 4, 1996: 852-873.

④ Schoors, K. and B. Van Der Tol. Foreign Direct Investment Spillovers Within and Between Sectors: Evidence from Hungarian Data, Ghent University Working Paper, 2002.

立了质量阶梯产品生命周期模型，探讨外商直接投资技术转让的质量与创新和模仿的联系[①]，Glass 和 Saggi 指出，外商直接投资的存在通过降低模仿成本对国内企业有利，当地企业可以通过模仿跨国公司的产品和流程来提高生产率，也可以通过与跨国公司的后向或前向联系提高生产率，跨国公司员工的流动也会产生同样的效果。当跨国公司帮助东道国的供应商和销售商建立起生产设施或提供技术援助和培训时，当地公司的生产率就提高了。Miguel D. Ramirez（2006）研究了外商直接投资对墨西哥劳动生产率增长的影响，结果表明，外国直接投资的增加对东道国劳动生产率增长有着积极和显著的影响[②]。Suyanto，Ruhul A. Salim and Harry Bloch（2009）研究了外商直接投资对印度尼西亚化工和制药企业生产率增长的影响，结果表明，FDI 产生了积极的生产率溢出效应，与那些没有研发能力的公司相比，拥有研发能力的国内公司获得了更多的溢出效应[③]。Bruno Merlevede，Koen Schoors and Mariana Spatareanu（2014）分析了1996—2005年外商直接投资对罗马尼亚制造企业的横向和纵向生产率溢出效应，研究发现，多数外资企业进入最初削弱了其国内竞争对手的生产率，但大多数外资企业在东道国国内经济持续存在一段时间之后，本地竞争对手的生产率就会永久性地提高，原因在于随着时间的推移，东道国国内企业有更多的时间和精力来吸收外国先进技术，研究还发现，大多数外资企业的加入大大提高了当地供应商生产率的增长[④]。Caves（1974）研究了加拿大和

① Glass, A., Saggi, K. International technology transfer and technology gap [J]. *Journal of Development Economics*, 1998 (55): 369 - 398.

② Miguel D. Ramirez. Is foreign direct investment beneficial for Mexico? An empirical analysis, 1960 - 2001, World Development, Vol. 34, No. 5, 2006 : 802 - 817.

③ Suyanto, Ruhul A. Salim and Harry Bloch (2009), Does Foreign Direct Investment Lead to Productivity Spillovers? Firm Level Evidence from Indonesia, World Development Vol. 37, No. 12, 2009: 1861 - 1876.

④ Bruno Merlevede, Koen Schoors and Mariana Spatareanu. FDI Spillovers and Time since Foreign Entry [J]. *World Development*, 2014 (56): 108 - 126.

澳大利亚两个国家1966年制造业行业的横截面数据，发现在加拿大制造业中，当地企业的利润率与行业内的外资份额呈正相关，而在澳大利亚制造业中劳动生产率与行业内的外资份额也呈正相关①。Girma（2001）运用1991—1996年英国制造业数据研究发现，在竞争程度较高的行业中存在FDI正向溢出效应，促进了这些产业生产率的提高②。王燕武、李文溥、李晓静（2011）研究指出，中国制造业具有较强的国际竞争力，原因是多年来制造业劳动生产率增速明显快于工资增速，使得单位劳动成本保持下降趋势③。

外商直接投资的不断流入，促进了发展中国家的经济增长、技术进步，提升了发展中国家的生产效率，但FDI的流入也给发展中国家的能源消耗和环境保护等带来了一定的压力，发展中东道国也越发关注FDI对本国能源消耗、污染排放等方面的影响，以综合评价外商直接投资对东道国产业竞争力的影响。

5.3 外商直接投资对东道国能源消耗的影响

Mielnik and Goldemberg（2002）利用20个发展中国家的样本，考察外商直接投资与东道国能源消费的关系，研究结果表明，外商直接投资增加导致能源强度明显下降④。Sadorsky（2010）研究了外商直接投资对22个发

① Caves, R. Multinational firms, competition and productivity in host country markets [J]. *Economica*, 1974 (41): 176 - 193.

② S Girma, K Wakelin. Regional Underdevelopment: Is FDI the Solution? A Semiparametric Analysis, research paper series, University of Nottingham, 2001.

③ 王燕武，李文溥，李晓静．基于单位劳动力成本的中国制造业国际竞争力研究［J］．统计研究，2011（10）：60 - 65 + 67.

④ Mielnik, O., Goldemberg, J. Foreign direct investment and decoupling between energy and gross domestic production in developing countries [J]. *Energy Policy*, 2002 (30): 87 - 89.

展中经济体能源消费的影响，实证结果却显示，外商直接投资增加了能源消费[①]。Lee（2013）利用1971—2009年19个G20国家的数据，探讨了外商直接投资、能源消耗、清洁能源、二氧化碳排放和经济增长之间的复杂关系。结果表明，外商直接投资对20国集团的经济增长发挥了重要作用，同时通过节能设备的手段降低了能源强度，外商直接投资减少了二氧化碳的排放[②]。Tang（2009）认为外商直接投资的流入通过工业化扩张、交通运输和制造业部门发展等会引致能源消费的增长[③]。

5.4 外商直接投资对东道国污染排放的影响

Copeland（1994）提出了"污染避难天堂假说"，Copeland认为，为降低执行严格环境标准所带来的成本，发达国家倾向于将高耗能、高排放产业转移到环境规制宽松的发展中国家[④]。Low 和 Yeats（1992）研究表明，1970—1980年很多污染产业都通过FDI的形式流向低收入和低环境管制标准的国家[⑤]。World Bank（2000）认为，外商直接投资在刺激东道国经济增长的同时，导致更多的工业污染和环境退化，在开放的经济条件下，各国长期的环境管制会加大企业生产成本，促进污染型产业或企业向环境标

① Sadorsky，P. The impact of financial development on energy consumption in emerging economies [J]. *Energy Policy*, 2010（38）：2528 – 2535.

② Lee，J. W. The contribution of foreign direct investment to clean energy use，carbon emissions and economic growth [J]. *Energy Policy*, Vol. 55，No. 4，2013 ：483 – 489.

③ Tang C F. Electricity consumption，income，foreign direct investment，and population in Malaysia：New evidence from multivariateframework analysis [J]. *Journal of Economic Studies*，Vol. 36，No. 4，2009：371 – 382.

④ Copeland B R，Taylor M S. North – South trade and the environment [J]. *Quarterly Journal of Economics*，Vol. 109，No. 5，1994：755 – 787.

⑤ Low，P.，A. Yeats. Do dirty industries migrate? In P. Low，ed.，International Trade and the Environment：The World Bank，Washington DC，1992：89 – 103.

准较低的欠发达地区转移[①]。Y. Merican 等（2007）研究发现，在中国和东南亚的一些发展中国家，FDI 给当地环境带来了较为明显的负面影响，但在一些发达国家，给当地环境带来的是一定的正面影响[②]。Gerking 和 List（2001）认为，发展中东道国设置低环境标准以吸引跨国公司投资设厂，从而使其获得贸易优势。Mohamed Abdouli，Sami Hammami（2017）采用 VAR 模型探讨了 1990—2012 年外商直接投资与中东国家（阿尔及利亚、埃及、科威特、黎巴嫩、阿曼、卡塔尔、沙特阿拉伯、伊朗、摩洛哥、卡塔尔、叙利亚、也门、土耳其、约旦、科威特、阿曼和突尼斯）环境质量的因果关系，研究结果支持 FDI 对 CO_2 排放的单向因果关系[③]。国内学者也对外国直接投资进入中国对环境的影响进行了实证研究。谢文武、肖文、汪滢（2011）利用我国地区和行业面板数据实证分析后认为，外商直接投资的进入降低了我国的碳排放量[④]。但代迪尔、李子豪（2011）利用结构分解法分析认为，通过规模效应和结构效应，FDI 显著地增加了各地的 CO_2 的排放量[⑤]。周杰琦、汪同三（2013）在估算 1990—2010 年省级 CO_2 排放量的基础上，采用静态和动态面板数据进行实证检验，研究认为，外商直接投资总体上增加了中国的 CO_2 排放量[⑥]。王文治、陆建明（2011）

① Word Bank. Is Globalization Causing a "Race to the Bottom" in Environmental Standard? PREM Economic Policy Group and Development Economics Group, 2000.

② Y. Merican, Z. Yusop & Z. M. Noor, et al. Foreign Direct Investment and the Pollution in Five Asian Nations, International Journal of Economics and Management, 2007 (2): 245 – 261.

③ Mohamed Abdouli, Sami Hammami. Investigating the causality links between environmental quality, foreign direct investment and economic growth in MENA countries, International Business Review, Vol. 26, No. 2, 2017: 264 – 278.

④ 谢文武，肖文，汪滢. 开放经济对碳排放的影响——基于中国地区与行业面板数据的实证检验［J］. 浙江大学学报（人文社会科学版），2011（8）：163 – 174.

⑤ 代迪尔，李子豪. 外商直接投资的碳排放效应——基于中国工业行业数据的研究［J］. 国际经贸探索，2011（5）：60 – 67.

⑥ 周杰琦，汪同三. 外商直接投资、经济增长和 CO_2 排放——基于中国省际数据的实证研究［J］. 北京理工大学学报（社会科学版），2014（3）：30 – 37.

利用我国2002—2005年制造业投入产出数据，分析了FDI流入我国制造业对污染排放的影响，他认为，FDI通过产业关联导致其他制造业部门污染排放的增加①。

5.5　外商直接投资对东道国产业结构升级和产业结构竞争力的影响

日本经济学家赤松提出了“雁行模式”，该模式认为，一国产业成长经历了进口产品、进口替代、出口导向等几个阶段，而产业结构升级依次分为劳动和资源密集、技术密集和资本密集三个阶梯。美国经济学家弗农（Vernon）提出了产品生命周期理论，把客观存在的产品生命周期分为产品创新阶段、成熟阶段和标准化阶段，各个阶段与企业的区位决策、出口抑或是国外生产决策均有联系。聂平香（2005）认为，外商直接投资一方面可以通过对东道国企业的兼并与收购，将低质量的资产存量变成高质量的资产存量，从而达到加速企业技术改造、产品更新和产业升级的积极效果，另一方面FDI也可以通过设立新企业，形成高质量的新增资产，从根本上改变产业结构形成的物质基础，进而提高整个产业的资本和技术的密集度②。日本的另一位经济学家小岛清的边际产业投资理论认为，通过对外直接投资可以将国内的比较劣势产业转换为东道国的比较优势产业，即外商直接投资通过向东道国传递和转移先进生产函数，经由前向和后向关联效应，对东道国的产业结构变化产生积极的影响。

国外学者对外商直接投资对东道国产业结构和竞争力的影响进行了大

---

① 王文治，陆建明．外商直接投资与中国制造业的污染排放：基于行业投入—产出的分析［J］．世界经济研究，2011（8）：55－62.

② 聂平香．利用外贸外资 促进我国产业结构升级的思考［Z］．商务部研究院，2005.

量的实证研究。Hirschman（1958）把关联效应视为外商直接投资在经济部门之间创造较强外部经济的一种有效的产业带动方式，他首先提出了后向联系和前向联系的概念，认为通过后向联系和前向联系得到的累计效应可以加速一国的工业化进程[①]。Kojima（1992）认为，在以资源为基础的工业化战略选择中，一国工业化的发展进程以及外商直接投资对该国工业化的推动作用与东道国资源禀赋状况直接相关[②]。Meier（1989）指出，通过国际直接投资创造产业升级效应，客观上要求跨国公司在东道国的投资项目具有“发动机”的职能。Markusen 和 Venables（1999）建立了开放条件下动态均衡模型以考察外商直接投资对制造业产业结构调整和升级的影响，认为外国直接投资进入东道国产生了竞争效应、后向关联效应、前向关联效应以及动态综合效应。跨国公司进入的直接竞争效应是通过生产替代产品与东道国同一行业内的国内企业产生竞争，抢占市场份额，与没有跨国公司产品供应的初始时相比，跨国公司进入后当地公司生产率降低（水平溢出）。而跨国公司的关联效应（垂直溢出）则源于与当地供应商的联系[③]。Markusen 和 Venables 认为，跨国公司通过后向关联对东道国上游本土企业形成需求效应，在生产规模经济的前提下，上游企业中间品产出上升，中间产品价格下降，通过前向关联惠及下游同行业内的本土企业。因此，跨国公司的直接投资通过后向关联效应成为东道国产业发展的“催化剂”。短期内外商直接投资可能会对本国厂商产生挤出效应，但从长期来看，在一定的约束条件下，外商直接投资能促进东道国产业结构的有效

① Hirschman, A. O. The Strategy of Economic Development. New Haven, CT: Yale University Press, 1958

② Kojima, K. Internalization vs. cooperation of MNC's business [J]. *Hitotsubashi Journal of Economics*, 1992 (33): 1-17

③ James R. Markusen Anthony & J. Venables. Foreign direct investment as a catalyst for industrial development [J]. *European Economic Review*, 1999 (43): 335-356

调整和竞争力的提高。

国内学者关于产业结构国际竞争力研究则始于20世纪90年代的《中国国际竞争力发展报告》。该报告认为，产业结构国际竞争力是一国国际竞争力的组成部分，合理的产业结构使一国的资源配置达到有效，一般说来，产业结构先进的国家在国际竞争中占优势，相反，产业结构落后的国家处于劣势，产业结构的有效调整是增强一国国际竞争力的有效途径，产业结构的升级过程也是产业结构竞争力的提升过程。产业竞争力的本质是生产率，对制造业产业结构竞争力的研究本质上应体现在对制造业生产率的研究上，同时，制造业产业竞争力还表现为其在市场上所占有的份额，提高制造业生产率需要在技术创新、先进设备、教育培训等软硬环境的建设上进行投资。

国内学者也对外商直接投资对制造业产业结构升级和产业结构竞争力提升的影响进行了大量的实证研究。李晶（2003）研究表明，外商对中国资本和技术密集型制造业行业的投资可以对国内产业升级产生强的正外部性①，随着FDI的进入和一国工业化的发展，某一产业会逐渐衰落，并转移到低梯级的国家和地区，通过产业替代，推动产业升级。赵果庆（2006）研究了跨国公司对我国工业结构竞争力影响的双重性后认为，一方面FDI主要通过集聚我国主导产业群中的工业部门提升了我国的工业结构竞争力；另一方面跨国公司已经几乎控制了我国高技术型主导工业，FDI企业在主导工业群中参与度的继续深化会严重影响我国主导工业群的核心竞争力，造成我国结构竞争力“空心化”的潜在威胁，因此要对FDI规模和进入部门进行选择和规制②。陈继勇、盛杨怿（2009）对我国外商

① 李晶．外商制造业投资对国内产业升级产生正外部性的实证分析［J］．当代财经，2003（12）：98－101．

② 赵果庆．跨国公司对我国工业结构竞争力的影响研究［J］．财贸经济，2006（6）：50－54．

直接投资（FDI）通过资本供给和知识溢出两种渠道影响产业结构的变动进行了实证研究，结果表明：我国引进外商直接投资所带来的资本供给效应、技术溢出效应促进了产业结构高级化、高效化地发展①。傅元海、叶祥松、王展祥（2016）基于 OECD 制造业分类方法将制造业分为 3 类，从总产值、增加值、固定资产净值多维度测度制造业结构的高度化和合理化。研究结果表明，制造业结构高度化抑制经济增长效率提高，与中国制造业不断升级却一直处于全球价值链低端的事实相吻合②。陈立敏、王漩、饶思源（2009）依据中国制造业 30 个种类 2007 年的数据，采用生产率、市场份额和利润率三个不同层次的指标，对中美制造业产业的国际竞争力进行比较研究，实证结果表明，就国内市场而言，生产率高的产业利润率也高，用生产率指标测量产业竞争力吻合度较高③。田洪川、石美遐（2013）对我国制造业产业升级现况进行了研究，分析了制造业产业升级对就业产生的影响。结果表明，产出增长、产业结构高级化能够对劳动力就业带来促进作用，技术效率能够促进就业的增长④。李富生、黄文馨（2006）设计了包含 1 个一级指标、3 个二级指标和 21 个三级指标的区域产业结构竞争力评价指标体系，运用该指标体系对各省（区域）的结构竞争力进行评价和排名，运用主成分分析法确定了协调能力、转换能力和可持续发展能力 3 个二级指标在区域产业结构竞争力中的重要程度⑤。雷怀

① 陈继勇，盛杨怿. 外国直接投资与我国产业结构调整的实证研究——基于资本供给和知识溢出的视角［J］. 国际贸易问题，2009（1）：94－100.

② 傅元海，叶祥松，王展祥. 制造业结构变迁与经济增长效率提高［J］. 经济研究，2016（8）：86－100.

③ 陈立敏，王漩，饶思源. 中美制造业国际竞争力比较：基于产业竞争力层次观点的实证分析［J］. 中国工业经济，2009（6）：57－66.

④ 田洪川，石美遐. 制造业产业升级对中国就业数量的影响研究［J］. 经济评论，2013（5）：68－78.

⑤ 李富生，黄文馨. 中国区域产业结构竞争力评价及分析［J］. 内蒙古科技与经济，2006（21）：2－4.

英（2009）以产业结构优化的内涵、产业结构竞争力核心内容的凸现、产业结构合理性和均衡性及可持续发展战略为依据，构建了涵盖产业结构高级化、工业结构高级化、智能密集度、加工程度、产业集中度（区位商）、产业结构协调性、产业结构环境等七个要素的产业结构竞争力测度指标体系[①]，该体系有一定的理论价值，但作者并未进行实证检验。

针对外商直接投资对产业结构升级和产业结构竞争力的作用，不同国家学者讨论的重点各不相同。就发达国家而言，讨论的侧重点在于对外直接投资对母国产业升级和结构竞争力的影响；对发展中国家而言，讨论主要集中在国际直接投资对东道国产业结构竞争力提升的影响。也正是由于这些讨论，关于国际直接投资对东道国产业结构升级以及产业结构竞争力的影响问题便开始成为一些国家，特别是发展中国家经济学家的研究对象。

我国学术界对产业结构竞争力问题的研究始于20世纪90年代初，随着对外开放步伐的加快，外商直接投资流入对我国经济发展影响的日益加大是其主要背景。关于外商直接投资对东道国产业结构竞争力的影响，一直是有争议的问题。争议不仅限于外国直接投资对东道国产业结构竞争力产生积极作用还是消极作用的判断，还包括外商直接投资的影响范式及其表现。由于跨国公司的海外投资与竞争行为分散在各种不同类型的东道国，取证较为困难，因此，迄今为止，理论界尚未形成分析外商直接投资与东道国产业结构竞争力关系的综合框架。改革开放以来，我国吸引外商直接投资的数量迅速提高，但利用外商投资毕竟仅有30余年的时间，资料

① 雷怀英. 产业结构竞争力的测度指标体系研究［J］. 经济问题，2009（11）：29－30＋38.

有待进一步积淀。随着我国利用外商投资实践的丰富，建立外商投资与我国产业结构国际竞争力和地区产业结构竞争力关系的综合分析框架也需不断进行积极探索。本项目的研究重点在于产业结构竞争力。建立产业结构竞争力评价体系，研究 FDI 对于制造业产业结构竞争力的影响机制，是对研究 FDI 对于产业结构竞争力的影响的细化和深化，有着重要的理论和现实意义。

第6章

FDI对制造业结构竞争力的影响机制分析

Chapter Six

6.1 产业结构调整与升级的一般含义

一般来说，狭义的产业结构是指国民经济中第一、二、三次产业之间的经济技术联系和数量比例关系。也有学者将任何一个部门和行业的经济技术联系与比例关系称为产业结构。广义的“产业结构”不仅包括三次产业间的比例关系，还包括产业内部各行业之间的比例关系，如工业内部的行业结构。如果将制造业视为同质的整体，而将制造业中的各行业视为具有不同经济技术联系的非同质体，那么制造业的产业结构表现为制造业中所包含的各行业之间的经济技术联系和数量比例关系。本部分研究外商直接投资对制造业产业结构调整和升级的影响，考虑到研究的可行性，产业结构是指广义的产业结构，我们的研究对象主要集中在制造业的内部行业结构上。

产业结构调整是指在不同产业或同一产业内部调整各类经济行为的构成，以便实现资源在不同产业或同一产业内部的优化配置。所谓产业结构升级，就是指在一定的目标时限内，产业结构不断优化，按照经济发展的历史和逻辑顺序实现从低级到高级不断演进的过程。从本质上讲，产业结构调整和升级是一国不同产业或同一产业内部生产要素的投入结构或者说生产力在不同产业或同一产业分布结构的动态进化，它是经济发展和进步的本质内容之一[①]。长期以来，影响产业结构转型的最主要因素被认为是“鲍莫尔效应”和“恩格尔效应”，Baumol（1967）强调不同产业部门产品相对价格的影响[②]。Ngai & Pissarides（2007）认为，如果不同产业部门产品存在一定的互补性，那么技术进步较快的产业部门的产品价格相对较低，将推动劳动力转移到其他产业部门[③]。Acemoglu & Guerrieri（2008）进一步提出，如果不同产业部门使用生产要素的密集程度存在差别，那么即使技术进步速度相同，产品相对价格也会变化，推动产业结构转型。恩格尔效应则取自恩格尔定律，其强调不同产业部门产品需求收入弹性对产业结构的影响。由于农产品需求收入弹性低于非农产品，收入提高将使对非农产品的需求更快上升，拉动劳动力向非农产业部门转移。即经济增长过程中的产业结构之所以会发生变化，从供给来看，主要是技术进步影响生产成本及相对价格，影响资源的分配，从而对产业结构发生影响；从需求来看，主要是由于各产业产品的需求收入弹性不同，所以随着收入的增加，人们对不同产业产品的需求会发生偏差，从而引起各产业部门结构发生变化。

6.2　FDI 提升制造业结构竞争力的影响机制

6.2.1　优化资源配置，提高要素生产率

跨国直接投资通过为东道国引进稀缺的资源，如金融资源、技术和管理经验等，可以帮助东道国建立新的产业，或使原有产业升级，或对某产

① 杨治. 产业政策与结构优化［M］. 北京：新华出版社，1999：86.
② Baumol, William J., 1967, Macroeconomics of Unbalanced Growth: The Anatomy of Urban Crisis, American Economic Review, 57 (3), 415-426.
③ Ngai, L. Rachel, and Christopher A. Pissarides, 2007, Structural Change in a Multisector Model of Growth, American Economic Review, 97 (1), 429-443.

业进行改造。跨国公司将自身拥有的先进资源与东道国的资源联系在一起，通过多种形式的股权或非股权参与行为，发挥其在东道国产业结构调整和升级中的作用。跨国直接投资发生后，跨国公司通过本土化生产和销售过程中的前后向联系；通过与市场有关的溢出效应和外部效应；通过为东道国企业提供各类经销服务，将东道国当地的生产资源纳入自己的生产体系中。于是，当地生产要素与外来生产要素的相互交融，促进当地生产要素的使用效率，从而促使新产业的诞生，或使原来的产业升级。

6.2.2　利用产业分工

跨国公司可以将不同国家的产业结构调整过程联系在一起，进而使东道国产业结构调整融入全球产业分工体系中，其按照各国所具有的比较优势不同来安排生产，充分利用东道国的市场优势或利用东道国的资源和技术优势。对多数发展中东道国而言，它们一般具有劳动力成本低的优势，因此，跨国公司总是将简单劳动密集型生产工序安排在这些发展中东道国，以充分利用其低成本优势，而将技术密集活动或制成品的生产安排在具有技术优势或市场优势的东道国或母国。通过在多区位上使用自己的资产，跨国公司就将不同国家的产业结构调整过程联系在一起，如果发展中东道国能够认识并根据母国实际，合理利用全球产业分工体系中的种种机遇，则有利于加快实现本国比较优势产业结构的调整和升级。

6.2.3　促进东道国培育自己的跨国公司

当发展中东道国具有一定的技术能力，能够最大程度地吸收外商直接投资所带来的先进技术时，本国企业就能迅速地成长起来，最终成为跨国公司。同时，将本国失去比较优势的产业向更低一级产业结构水平的发展中东道国转移，让出本国发展所必需的资源，为本国产业结构调整和升级让渡了新的空间。于是，随着时间的推移，国际直接投资的母国越来越多，外来直接投资在东道国产业结构调整和升级过程中的作用也日趋增强。通过吸收外来直接投资和对外直接投资的交互作用，跨国直接投资作为主导因素把某一国（或地区）不再具有比较优势的产业向外转移到其他仍然具有比较优势的国家（或地区），按照从劳动和资源密集产业向技术和资本密集产业转换的逻辑顺序，依次循环，最终形成一个各国（或地区）产业结构调整相互协调、共同促进的“雁形模式”，推动各国产业的结构调整和升级。

6.2.4 促进发展中东道国创造新的动态比较优势

跨国直接投资有利于帮助东道国将内向型产业转变为出口导向型、具有国际竞争力的产业，帮助东道国实现或增强自己的比较优势，提高产业竞争力。众所周知，广大发展中国家由于缺乏信息和国际贸易营销渠道等原因，其企业进入国际市场通常较为困难。而跨国公司拥有跨越国界的一体化生产体系，因而在世界进出口贸易中占有很大的比重。因此，跨国公司在通过其国际一体化生产体系保证和扩大自己市场的同时，可以为东道国其他企业在提供国际营销渠道、扩大市场准入等方面带来更多的机会。一方面，东道国当地供应商可以通过与跨国公司的联系，从跨国公司提供的技术支持、营销服务以及培训中获得种种好处。另一方面，东道国当地中小型企业通过与跨国公司的贸易联系，利用其强大的市场中介作用，也可以建立起与国际市场的联系，获得市场扩大的机会。同时，在拥有一定教育和技术能力的发展中东道国，跨国公司能够利用新的技能和更先进的技术，通过在发展中东道国建立研发中心，以及和当地企业进行研发合作，帮助发展中东道国创造新的动态比较优势①。

① UNCTAD. World Investment Report 2000. United Nations, 2000.

6.2.5　技术转让与技术外溢

联合国在《1992 年世界投资报告》中论述到：作为产业结构优化的决定性因素，外资的技术转让是其产业带动效应的核心，外资对东道国技术的直接作用是：通过技术溢出提高要素生产率，改变产品结构特别是出口产品结构，促进国外分支机构进行研发，引进组织创新，提高管理水平。间接作用则需要通过与当地研发机构合作，向当地前向和后向合作者转移技术。

有关国家的工业化历史经验表明，工业化的跨越式发展战略，除产业结构转变外，主要的领域是集中于技术进步。技术上的跨越就是通过引进和学习国外先进技术，跨越先进国家工业技术演变历史过程中的某些阶段，直接在新的更高起点上发动和加快工业化。通过贸易购买外国技术或通过吸收国际直接投资（FDI）是后起国工业化必不可少的条件。其中，国际直接投资具有资本、技术、管理等一体化的特点，有效吸收国际直接投资能加速当地资本和人力资本的形成和积累，促进当地技术进步，从而引进 FDI 就是引进一种新的生产函数，对改造后起工业国或地区生产函数和产业结构升级，在多个环节突破发展制约具有重要意义。具体分析如下：

1. FDI 提高当地生产效率，改善技术结构。FDI 被认为是发展中国家取得先进技术的有效载体。先进技术及其溢出效应对东道国工业的推动可通过提高生产率、改善技术结构等渠道来实现。通过技术进步、竞争示范和竞争压力、市场成长等方式影响当地产业技术结构。

2. FDI 推动东道国产业结构优化。产业结构演变是一国工业化演进的核心内容，也是工业化进展的集中体现。FDI 对当地工业化施加影响的重要途径是通过对当地产业的变动作用来实现的。其一是通过前向关联与后向关联效应，改变当地产业间的相对比例和相对位置。其二是通过当地在税收等方面的优惠差别，导致内外投资、新老投资的相对变化，从而影响当地产业结构的变化。

6.3 FDI 对制造业结构竞争力影响的模型设定

东道国通过吸收 FDI，移植跨国公司产业转移，通过产业之间的联系将 FDI 技术等资源在产业之间进行扩散，使当地产业结构优化。通过对以上外商直接投资对结构竞争力的影响机制归纳总结，本研究将外商直接投资对产业结构优化的影响分为直接效应和间接效应两个方面，其中间接效应又分为三个方面（见图 2－1）。这几种效应的相互作用结果，决定了跨国公司对东道国产业结构调整和升级的效果。

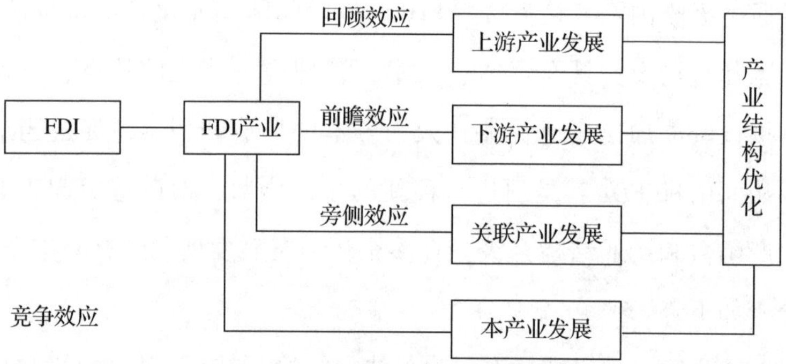

图 6－1 FDI 促进产业升级机制

6.3.1 直接效应

外商直接投资对产业结构优化的直接效应主要源于竞争效应。由于拥有先进的技术和管理经验，跨国公司的进入会对东道国厂商产生挤出效应，从而减少东道国厂商的利润，导致东道国厂商从行业中退出，以维持行业内的供需平衡。由于竞争效应的存在，直接改变了FDI进入产业的产业结构。一般说来，如果FDI集聚的产业代表了产业结构演化的方向，那么FDI集聚就促进产业结构升级，从整体上直接对产业结构竞争力起促进作用。

6.3.2　间接效应

外商直接投资对产业结构优化的间接效应主要有以下三个方面：

1. 后向关联效应

通过FDI产业的后向关联效应（回顾效应）对当地上游产业的技术、标准、质量等提出要求，促使其改进技术，提高效率。外商直接投资发生后，跨国公司保留、加强或削弱东道国厂商原有的当地关联，从而维持、扩大或减少对东道国上游产业的需求。后向关联效应的大小分为以下几种情况，一是跨国公司替代东道国企业后，如果跨国公司对东道国中间产品的需求比例小于东道国进入产业生产者，相对封闭经济，跨国公司进入弱化后向关联效应，下游产业引致需求的下降，导致上游供应商数量减少，上游和本产业国内企业数量相对封闭经济时减少；二是如果跨国公司对东道国中间产品的需求比例等于东道国下游生产者（即跨国公司对东道国下游生产者产生100%的替代），相对封闭经济，跨国公司进入对东道国上游产业引致需求未发生变化，均衡时上游供应商数量应与封闭经济时相同，仅存在竞争效应，此时，东道国上游产业供应商数量不变，但由于竞争效应本产业国内企业数量减少；三是如果跨国公司对东道国中间产品的需求比例大于东道国进入产业生产者，相对封闭经济，跨国公司进入对东道国上游产业引致需求增加，后向关联效应增强，上游供应商数量增加，此时，东道国上游供应商由于跨国公司产生较强的后向关联，均衡时企业数量增加，但本产业由于竞争效应国内企业数量仍减少。

2. 前向关联效应

通过前向关联效应（前瞻效应）对下游产业如物流等产生诱导作用。后向关联效应提高是前向关联效应发生的前提，上文分析的第三种情况，如果跨国公司进入后，产生技术转移和技术外溢或其本土化购买倾向增加，会增强后向关联效应，则上游供应商技术进步，生产效率提高，中间产品数量增加，价格下降，通过前向关联惠及下游生产者，下游企业由于成本降低，利润增加，吸引新的国内生产者进入下游产业，弥补跨国公司进入的竞争效应所造成的下游企业数量的减少。当前向关联效应足够大时，均衡时下游产业的国内企业数量会大于封闭经济均衡时国内下游企业数量，跨国公司进入的竞争效应被抵消，东道国上下游产业都得到发展。

3. 旁侧效应

通过旁侧效应对相关配套产业如基础产业、金融等产生作用。主导产业的兴起会影响当地经济、社会的发展，如制度建设、国民经济结构、基础设施、人口素质等等。

6.4 本章小结

产业结构优化是产业结构竞争力提升的重要途径。FDI 产业进入无论是向前关联、向后关联，还是旁侧关联，都可能会对当地产业结构优化产生促进作用。然而，不同产业的关联效应和带动效应有较大差异。一般来说，制造业、技术密集产业等主导产业具有较强的联系，具有较强的扩散效应和带动作用，而自然资源密集、能源密集型产业的联系效应较弱。显然，FDI 集聚不同对产业对结构升级和结构竞争力提升有显著不同。在产业层面上，入驻北京的 FDI 不是平均分布的，而是呈现集聚的特点。FDI 在一些产业集聚会使北京产业结构发生变化，从而影响资源配置效率，进一步影响产业结构竞争力。然而，FDI 是否促进北京产业结构竞争力取决于 FDI 所在产业在国民经济中的地位和性质。一般说来，如果 FDI 集聚产业代表产业结构演化方向，那么 FDI 集聚就促进产业结构升级，从整体上对产业结构竞争力起促进作用。

第7章
北京制造业结构竞争力评价体系的构建
Chapter Seven

本章将构建北京制造业结构竞争力指标评价体系并进行初步测算。

7.1 结构竞争力的内涵

7.1.1 产业竞争力的概念

产业竞争力的内涵主要体现在以下三个方面：

第一，产业竞争力表现为一国产业内各企业之间形成最合理的经济关系。产业竞争力是某产业内各企业的合力，合力并非企业竞争力的简单相加。事实上，产业竞争力表现为各企业之间的关系协调力。产业竞争力中包含两方面关系：一方面，企业本身是独立的经济实体，只有在企业能够意识到共同利益，为争取合理的竞争秩序或者对付国外竞争者时，会产生联合；另一方面，企业间的有序竞争、互相模仿、技术交流、专业化分工协作关系，以及在对付国外竞争者时的协调行动，都是推动一国产业竞争力的努力。综合两方面来看，对于企业来说，提高产业竞争力，既不完全是自己的事，又不是与己无关的事。而对于大型企业，尤其是对本部门、本行业举足轻重的企业集团，提高本国在该领域的产业竞争力，与企业集团自身的发展密切相关。

第二，产业竞争力体现在该产业内企业对外向型经营方式的选择与转换的能力。外向型经营方式分为“输出”与“输入”两个方向。“输出”的选择是产业竞争力的直接体现。在国际竞争激烈的市场上，一国某产业内各企业分别会根据情况做出对自己最有利的选择。例如，运用强大的营销力量保持商品出口；从接受技术的其他国家企业那里取得商品盈利的分成；将自己失去优势的生产环节转移到别国的企业中；在其他国家进行直接投资，转移生产基地而保持所有权。拥有这些选择与转换的能力，该产业的竞争力较强。“输入”的选择是为提高产业竞争力创造条件，产业竞争力间接地体现在有效利用国际性经济资源的能力上。任何一国的产业都不会封闭发展，而是凭借自己的资金、信息和经营能力，选择外部资源的流入。例如，进口性能更好、价格更低的设备、原材料以提高自己产品的竞争力；购进别国的先进适用技术用于增强消化和吸收能力；通过补偿贸易、合作开发、融资租赁等方式发展生产；招商引资与外资企业共同开发国际市场。可以说，一国某产业越是有发展前景与发展能力，越是可以通过扩大与外界的合作来促进这种潜力的发挥。

第三，产业竞争力体现在本国企业对该产业发展前沿的市场、技术和其他经济资源的掌握上。在国际分工与国际竞争发展的背景下，任何一国的企业都难以在一个产业中处处领先于其他国家的企业。各有所长、各有所短是必然的。能在世界经济中占有最大优势者，主要体现在对包含最尖端技术的商品上占有优势，以及在最高水平的管理环节上占有优势。

7.1.2　产业结构竞争力

产业结构竞争力是产业竞争力的重要组成部分，它与创造增加值和财富竞争力密切联系在一起。原因是，合理的产业结构可以使一国资源配置达到有效，产业结构高级化会产生结构正效应，改善产品结构，产业素质提高，从而使创造增加值的能力达到极大。一般说来，产业结构先进的国家在国际竞争中占优势，相反，产业结构落后的国家处于劣势。

产业结构是影响经济增长的重要因素，是提升核心竞争力的重要途径。从静态来看，产业结构的状态影响着经济增长，合理的产业结构是经济增长的基本条件，资源投入的产出效益在很大程度上取决于产业结构的合理程度，如果产业结构均衡，与外部需求相适应，与当代技术发展相适应，主导产业是劳动生产率增长较快的产业，则表明资源配置合理，能促进经济增长。从动态来看，经济的持续增长依赖于产业结构的不断优化。任何产业都有产生、发展、成熟、衰落的过程，当原有的部分产业经历成熟期之后，遇到市场饱和、技术进步潜力枯竭的阻碍而走向衰落时，如果没有具有较高增长率的新兴产业出现，即没有产业结构的变化，那么经济总量很难实现持续增长，产业结构的变动实际上就是具有较高收入弹性、较低相对成本的产业不断取代原有的已走向衰落的产业部门的过程。产业结构优化不仅把衰退产业的资源存量调整到新的经济增长点，把资源增量有效地注入新兴产业、支柱产业，而且通过培育新的经济增长点带动整个经济增长和结构升级。可见，产业结构竞争力的提升是一个复杂的过程。

7.2 构建北京制造业结构竞争力的评价体系

7.2.1 构建指标体系的依据

1. 充分体现产业结构优化的内涵

产业结构演变趋势的规律性表现为，产业结构的演变是从低级到高级转变的过程，是积极发展的历史和逻辑序列顺向演变的过程。这样的转变和演进过程，称为产业结构的高级化过程。根据产业结构演进的一般规律，制造业产业结构的演进具有如下特征：

（1）产业结构的发展顺着劳动密集型产业、资本密集型产业、技术（知识）密集型产业分别占优势地位顺向递进的方向演进。

(2) 产业结构的发展顺着低加工度产业占优势地位向高加工度产业占优势地位方向演进。

可见，从产业结构高级化的内涵来看，产业结构高级化并不等于简单提高某个产业的比重，制造业结构竞争力指标的构建应充分体现制造业结构演进的上述特征。

2. 凸显产业结构竞争力的核心内容

产业结构的动态优化过程实质上就是产业结构竞争力的形成过程，这是产业结构竞争力的核心内容。一方面，制造业通过培育主导产业，吸引优势资源向主导产业的聚集，逐渐形成以主导产业为核心的产业集群，产业集群的不断发展壮大，使制造业在产业结构优化的过程中形成新的经济增长极，从而提升产业的核心竞争力；另一方面，主导产业的培育过程中，产生技术外溢效应，必然会带动传统产业的改造和升级，促进整体经济核心竞争力的提升。

3. 充分体现产业结构的合理性与均衡性

产业结构分析的核心是从静态上评价现有产业结构的合理性，从动态上分析产业结构的变化趋势，产业结构的合理实际上就意味着社会资源的优化配置，产业结构优化过程实际上就是针对市场条件做出的适应性调整，从而也就意味着核心竞争力的提升。如果产业结构均衡，与外部需求相适应，与当代技术发展相适应，主导产业是劳动生产率增长较快的产业，则表明资源配置合理，能促进经济增长。因此在构建产业结构指标体系时，应充分体现出产业结构的合理性和均衡性。

4. 体现可持续发展战略

经济的持续发展必须建立在可持续发展战略的基础上，在产业结构优化过程中，应注意保护环境和资源节约，建立绿色生态园区，发展低能耗生态环保产业。

7.2.2 北京制造业结构竞争力的评价体系

结合结构竞争力（Structural Competitiveness）的内涵和北京统计数据的可用性，以产业结构优化的内涵、产业结构竞争力核心内容的凸显、产业结构合理性和均衡性及可持续发展战略为依据，初步构建以下评价体系：

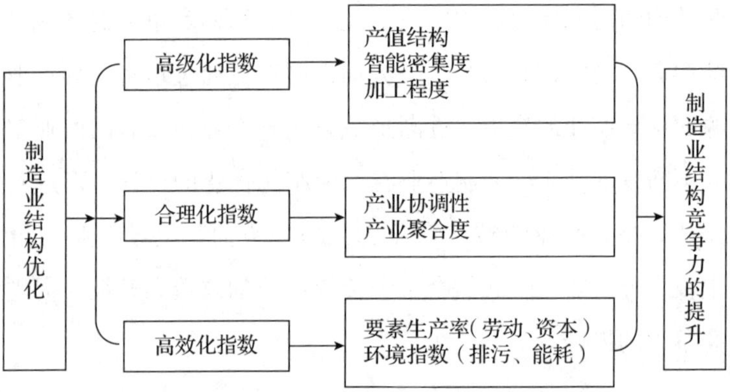

图7-1 制造业结构竞争力评价体系

首先从合理化、高级化、高效化三个维度构建制造业结构竞争力的一级评价指标体系，然后进行细化，构建涵盖产业结构高级化程度指数、产业结构合理化程度指数和产业结构高效化程度指数等三个指数的综合评价体系，其中合理化指数和高级化指数所涵盖的指标为显性指标，高效化指数所涵盖的指标为隐性指标。指标具体如下：

1. 产业结构高级化（Upgrading）

一定量的FDI直接流入缓解了北京一些高科技部门生产建设资金的不足，并且FDI同时带来了国外的先进技术和研发能力、先进和管理技能和HR（人力资源）开发能力，从而提高工作效率、更新技术观念等，这最终将会使产业结构高级化。所谓的产业结构高级化，也叫产业结构升级，是指在技术进步作用下，产业结构系统从较低级形式向较高级形式的演变过程，其指标体现在：第一产业的产出所占比重下降，第二产业、第三产业的比重上升，且第三产业的比重逐渐占主导地位；以技术密集型为主的产业关联取代以劳动密集型为主体的产业关联；高加工度产业逐渐代替低加工度产业。

（1）制造业产值[①]结构（Structure of Value Added）指标。霍夫曼比例是衡量工业轻重结构的一个常用指标，是消费资料工业净产值和资本资料工业净产值的比值（即消费资料工业产值/资本资料工业产值），工业化阶段越高，该比值越小。主导产业、潜力产业和传统产业之间的比例反映工业内部结构的优化程度，工业化阶段的提升不断伴随着传统工业的改造和升级，工业竞争力的提升取决于主导产业的发展。

主导产业产值比重 =（主导产业产值 / 制造业产值）× 100%

据测算[②]，构成我国制造业主导产业群的部门有石油加工、炼焦及核燃料加工业；金属冶炼及压延加工业（黑色金属冶炼及压延加工业，有色金属冶炼及压延加工业）；通用设备制造业；交通运输设备制造业；电气、机械及器材制造业；通信设备、计算机及其他电子设备制造业等6个部门。笔者依据北京情况确定主导产业为交通运输设备制造业；电气、机械及器材制造业；通信设备、计算机及其他电子设备制造业；通用、专用设备制造业；化学工业。

（2）智能密集度（Intelligence Intensive）指标。产业结构的发展向着劳动密集型产业、资本密集型产业、技术（知识）密集型产业分别占优势地位顺向递进的方向演进，为体现该特点，选择智力技术密集型产值比重

① 除特殊说明外，本部分及下文所涉及的“产值”“总产值”均是指直接构成GDP的产业增加值。

② 赵果庆．基于FDI集聚的中国产业竞争力研究［M］．北京：中国经济出版社，2009．

（智力技术密集型产值比重占 GDP 的比重），由于在北京现行的统计数据不够健全，该指标数据的收集有一定的难度，因此用高新技术产值比重来代替。

高新技术产值比重 =（高新技术产业产值 / 制造业产值）× 100%

经济合作与发展组织（OECD）出于国际比较的需要，用研究与开发的强度定义及划分高新技术产业，并于 1994 年选用 R&D 总费用（直接 R&D 费用加上间接 R&D 费用）占总产值比重、直接 R&D 经费占产值比重和直接 R&D 占增加值比重 3 个指标重新提出了高新技术产业的 +4 分类法，即航空航天制造业、计算机与办公设备制造业、电子与通信设备制造业、医药品制造业。根据 2002 年 7 月国家统计局印发的《高技术产业统计分类目录的通知》，中国高技术产业的统计范围包括航天航空器制造业、电子及通信设备制造业、电子计算机及办公设备制造业、医药制造业和医疗设备及仪器仪表制造业等行业。根据下文对制造业的 17 部门分类法，本研究将交通运输设备制造业、专用设备制造业、通信设备、计算机及其他电子设备制造业、医药制造业和仪器仪表及文化、办公用机械设备制造业归类为高新技术产业。

（3）加工程度（Processing Stage）指标。产业结构的发展顺着低加工度产业占优势地位向高加工度产业占优势地位方向演进，可以看作是以低附加值产业为重心向以高附加值产业为重心转变。

加工程度指标 =（高附加值产业产值/制造业产值）× 100%

附加值（Value Added）是附加价值的简称，是在产品原有价值的基础上，通过生产过程中的有效劳动新创造的价值，即附加在产品原有价值上的新价值。工业附加值，是指通过生产经营创造的商品增加价值。高附加值（High Value Added）产品，是指“投入产出”比较高的产品，其技术含量、文化价值等比一般产品要高出很多，因而市场升值幅度大，获取较高。根据“投入产出比”这一指标[①]，笔者对 2007 年、2010 年和 2012 年三年的数据进行测算后发现，在北京制造业 17 大部门中，仪器仪表及文化办公用机械制造业，服装皮革羽绒及其制品业，交通运输设备制造业，通用、专用设备制造业，化学工业，造纸印刷及文教用品制造业投入产出比较高且均高于制造业均值[②]。

2. 产业结构合理化（Rationalization）

产业结构合理化，是指遵循再生产过程对合理性的要求，追求产业规模适度、增长速度均衡和产业联系协调。衡量的指标是制造业部门内产业与产业之间的协调程度与聚合程度。

（1）产业结构协调性指标。产业结构的协调性可用结构的偏离程度来衡量，也就是产业结构中的产值结构和就业结构两者变动是否处在同步变化和对称的状态。其计算公式[③]为

$$D = 1/n \sum \left| Y_i - L_i \right|$$

或

$$D = 1/n \sum \left| \frac{Y_i}{L_i} - 1 \right|$$

式中，绝对值符号中的部分表示单个部门的结构偏离度，D 表示整个制造业结构偏离度，L_i 为各产业劳动力所占比重，Y_i 表示各产业增加值所占的比重，n 为产业内部门数量。D 值越大表示偏离度越高，说明两者越是处在不同步变化和不对称状态，协调性越差；反之，越接近于对称状态，协调性越好。

（2）产业聚合（Industry Cluster）度指标。产业聚合度指标包括空间聚集度、专业化聚集和社会聚集度三方面。由于数据获取困难，在相似研

① 投入产出比 = 总产值/（总产值 − 增加值），投入产出比越高表明附加值越高。

② 参见附录三。

③ 下文对该指标的计算统一采用第一种计算方法。

究中多以软指标的形式出现，因此本书不再研究。

3. 产业结构高效化（High Efficiency）

产业结构高效化，即在假设技术经济条件不变的情况下，低效率产业比重不断降低和高效率产业比重不断增大，通过资源配置的优化，以不断提高宏观经济效益水平。成熟的外资企业进入后，会通过市场作用加剧国内企业的竞争，将低效率的企业从本行业中淘汰出去，从而优化资源在产业间的配置，促进产业结构高效化。

（1）劳动生产率和资本生产率。劳动生产率是指劳动者在一定时期内创造的劳动成果与其相适应的劳动消耗量的比值。劳动生产率水平可以用同一劳动在单位时间内生产某种产品的数量来表示，单位时间内生产的产品数量越多，劳动生产率就越高。也可以用生产单位产品所耗费的劳动时间来表示，生产单位产品所需要的劳动时间越少，劳动生产率就越高。此处，为便于下文分析，采用后种定义方法，即劳动生产率和资本生产率分别以单位产值的劳动投入和资本投入来衡量，即

$$LP = L/Y$$

$$KP = K/Y$$

式中，L 和 K 分别表示使用劳动总量和资本存量，Y 为产业增加值，LP 和 KP 分别表示劳动生产率和资本效率。该指标数值越小表明要素生产效率越高，产业结构越高效。本研究借鉴雷辉（2016）[①]的研究方法，利用北京 2007 年、2010 年、2012 年投入产出表中的固定资产折旧额，并假设北京制造业各行业折旧率为 5%，估算北京 2007 年、2010 年、2012 年制造业各行业资本存量，以 2007 年为基年，利用工业品出厂价格指数进行平减以剔除价格因素的影响。

① 雷辉，潘欣. 中国分行业资本存量的测算及行业间投资效率比较分析：1990—2014［J］. 上海对外经贸大学学报，2016（6）：40－52＋63.

(2) 产业结构环境指数。在产业结构调整过程中，应注意环境的保护，走环境污染少、经济效益好的节约型产业发展道路是今后产业发展的主导方向，产业结构的调整优化不能以环境污染为代价，因此可用产业结构转化过程中新增加的排污量占总排污量的比重与新增加的产值占总产值比重之间的比值来表示。即

产业结构环境指数 = (产业结构转换新增加的排污量/总排污量) /
(产业结构转化新增加的产值/总产值)

该指标数值越小越好，小于1表明产业结构转换过程中减少了环境污染，单位产值能耗减少，产业发展符合可持续发展的要求；反之，该指标的数值若大于1，表明产业结构转化过程中伴随着环境污染的加剧，产业发展与可持续发展的标准相背离。

产业结构环境（Structure Environment）指数中产业结构转换新增的排污量数据现在无据可查，不便测算分析。因此笔者将其简化，并以单位产值能耗指标、单位产值废水排放和单位产值废气排放等3个指标来代替，即

产业能耗指数（SEE）= 能源消耗（E）/产值（Y）

产业废水排放强度（SEW）= 废水排放（W）/产值（Y）

产业废气排放强度（SEG）= 废气排放（G）/产值（Y）

理论上，在技术不变的情况下，单位产值能耗的减少必然意味着污染排放的相对减少；外商直接投资的进入往往会带来先进的技术和管理经验，并通过溢出效应促使整个行业及相关行业的技术提高进而使单位产值的能耗减少，污染排放减少。因此，这一指标替代是可行的。此外，这样的指标设定在下文的投入产出分析中也会比原指标更有意义。

由于北京市各行业工业废气排放量没有统计数据，本研究利用各行业能源消耗占比以及工业废气排放总量估算制造业行业废气排放量。估算公式如下：

行业废气排放量 =（行业能源消耗量/工业能源消耗量）×
工业废气排放总量

7.3 本章小结

综上，本研究所构建的制造业结构竞争力评价指标体系可以表示如下：

$$\begin{cases} SCI = \Phi(RI,\ GI,\ EI) \\ GI = \phi_1(SV,\ II,\ PS) \\ RI = \phi_2(D,\ IC) \\ EI = \phi_3(LP,\ KP,\ SE) \\ SE = f(SEE,\ SEW,\ SEG,) \end{cases}$$

式中，SCI 为结构竞争力指数，RI、GI 和 EI 分别为合理化指数、高级化指数和高效化指数；SV、II 和 PS 分别为产值结构、智能聚集度和加工程度指标，D 和 IC 分别为产业协调性和产业聚合度指标，LP、KP 和 SE 分别为劳动生产率、资本效率和产业结构环境指数；SEE、SEG 和 SEW 分别为产业能耗、废水排放强度和废气排放强度指数。其中，SV、II 和 PS 为显性指标；D 和 IC 及 LP、KP 和 SE 为隐性指标。

第8章 投入产出分析

Chapter Eight

前面我们分别就外商直接投资对制造业结构竞争力的影响机制和制造业结构竞争力指标体系进行了详细的分析和描述。接下来，我们将构建基于上述“影响机制”和“指标体系”的投入产出模型就外商直接投资对制造业结构竞争力的影响进行深入分析。

8.1 投入产出模型的构建

投入产出分析，是研究经济系统各个部分间表现为投入与产出的相互依存关系的经济数量方法，亦称产业部门间分析，由美国里昂惕夫于1936年最早提出。投入产出分析法能清晰地反映国民经济各部门、各产品间的比例关系，通过分析各产业发展协调与否可以判断产业结构是否合理。因此，本章建立投入产出模型，就FDI对北京制造业结构竞争力的影响，从竞争效应、前向关联效应、后向关联效应等方面加以实证分析。

根据里昂惕夫的基本投入产出框架模型

$$X = AX + Y$$

求解 X，可以得出

$$X = (I - A)^{-1} Y$$

其中，X、Y 表示国民经济中部门总产出向量和最终需求向量；A 为直接消耗系数矩阵，其第 i 行第 j 列的元素 a_{ij} 表示第 j 部门生产单位产品直接消耗第 i 部门的产品数量，直接消耗系数反映了部门之间的直接经济技术联系；I 是 A 的同阶单位矩阵；$(I-A)^{-1}$ 为完全消耗系数矩阵，即里昂惕夫逆矩阵，其第 i 行第 j 列的元素 b_{ij} 表示第 j 部门每生产单位最终产品时，对第 i 部门产品和服务的直接和全部间接需求量之和。

从北京投入产出调查网可得到2007年、2010年、2012年42部门的投入产出基本流量表①。在2007年、2010年基本流量表的基础上可计算获得直接消耗系数矩阵，进而通过Excel软件计算出全部门的完全消耗系数矩阵。北京2012年投入产出表中已提供全部门的完全消耗系数矩阵，但由于将通用、专用设备制造业又细分为通用设备制造业，专用设备制造业两个部门，所以需要对原完全消耗系数矩阵进行合并处理，得出新的完全消耗系数矩阵。本研究选取其中17个制造业部门组成北京制造业17个部门的投入产出完全消耗系数矩阵，即 $(I-A)^{-1}_{17\times17}$。

《北京统计年鉴》中所列的30个制造业行业与北京投入产出表中的制造业17个部门分类略有不同，本研究依据北京2007年投入产出表部门分类法②将统计年鉴中的30个制造业部门进行合并，具体17个部门如下：06食品制造及烟草加工业（农副食品加工业，食品制造业，饮料制造业，烟草加工业）；07纺织业；08服装、皮革、羽绒及其制品业［纺织服装、鞋、帽制造业，皮革、毛皮、羽毛（绒）及其制品业］；09木材加工及家具制造业（木材加工及木、竹、藤、棕、草制品业，家具制造业）；10造纸印刷及文教用品制造业（造纸及纸制品业，印刷业和记录媒介的复制，文教体育用品制造业）；11石油加工、炼焦及核燃料加工业；12化学工业

① 2007年、2010年北京投入产出表代码16为通用设备、专用设备制造业，2012年北京投入产出表“通用设备，专用设备划分为两类”，本研究依据2007投入产出表划分“通用及专用设备制造业”，将2012年这两项数据归并到一起研究。

② 参见附录一。

（化学原料及化学制品制造业，医药制造业，化学纤维制造业，橡胶制品业，塑料制品业）；13 非金属矿物制品业；14 金属冶炼及压延加工业（黑色金属冶炼及压延加工业，有色金属冶炼及压延加工业）；15 金属制品业；16 通用、专用设备制造业（通用设备制造业，专用设备制造业）；17 交通运输设备制造业；18 电气、机械及器材制造业；19 通信设备、计算机及其他电子设备制造业；20 仪器仪表及文化办公用机械制造业；21 工艺品及其他制造业；22 废品废料。

8.1.1　模型设定

笔者前面从合理化、高级化、高效化三个维度构建了涵盖 7 个二级指标的制造业结构竞争力的综合评价指标体系。本章将以这个指标体系为依据，应用投入产出法从产业链的角度分析外商直接投资对制造业结构竞争力的影响作进一步设定。

笔者选用产业结构（SV）、劳动生产率（LP）、资本效率（KP）、产业能耗（SEE）、废水排放强度（SEG）和废气排放强度（SEW）等6 个指标作为投入产出模型的核心指标群。在此基础上，运行以下运算：

$$C_{6\times17}\times(I-A)^{-1}$$

其中，$C_{6\times17}$表示由制造业 17 个部门上述 6 项指标组成的结构竞争力矩阵[①]。在17 个部门完全消耗系数矩阵前乘以结构竞争力矩阵 $C_{6\times17}$，就可以计算出制造业 17 个部门 6 项指标的结构竞争力完全系数矩阵。该矩阵为 6 × 17 矩阵，其中每一个元素表示某行业单位产出价值（单位：亿元，下同）所引起的全部直接和间接某项指标的值。

8.1.2　分析框架的设定

如前面分析，FDI 的流入对制造业结构竞争力的影响效应分为直接效

① 参见附录二。

应和间接效应两个层面。首先，FDI 流入某个制造业行业以后，将促进该行业产出、就业、能耗等行业特征的变动。一般来说，外商直接投资企业产出的行业占比越高，FDI 对该行业的相关指标进而结构竞争力的影响就越强，笔者将其定义为“FDI 的直接效应”。其次，根据产业关联（前向关联、后向关联及旁侧关联等），FDI 流入某个行业后，会由于引致需求对其他相关行业的行业特征产生间接影响，定义为“FDI 的间接效应”。这种间接效应可进一步分为两类：一种是某行业中外资企业的生产会对相关行业的产品产生直接或间接的需求，进而导致这些行业的产出、就业等指标的变动，即 FDI 对其他行业的间接效应，为描述方便起见，本研究将其定义为 FDI 的第一类间接效应；二是流入相关行业的 FDI 同样会通过产业关联对某行业的产品产生派生需求，进而导致该行业特征项的变化，即“其他行业的 FDI 对某行业的间接效应”，定义其为 FDI 的第二类间接效应。基于上述两个层面，对下文分析框架具体设定如下：

1. FDI 的直接效应

通常某行业 FDI 企业产出的行业占比越高，且该行业越能代表产业结构演化的方向，则 FDI 对该行业结构竞争力影响的直接效应越强，因此，某行业的结构竞争力贡献度与 FDI 行业占比之间的关系能较为准确地描述 FDI 对进入行业的直接效应。

此处，定义 FDI 行业占比指标为外商直接投资企业工业总产值在某行业工业总产值中所占的比重。其中，外商直接投资企业工业总产值用各行业外商投资和港澳台商投资工业企业工业总产值表示。

2. FDI 的第一类间接效应

为研究 FDI 流入某行业后通过产业关联对其他相关行业结构调整的影响，本报告在计算结构竞争力完全系数矩阵 $C_{6\times17}\times(I-A)^{-1}_{17\times17}$ 时，先剔除完全消耗系数矩阵 $(I-A)^{-1}$ 的主对角线值，即排除某行业对本行业的产品需求，再与结构竞争力矩阵 $C_{6\times17}$ 相乘。此时，矩阵中的单个元素表示某行业单位产出价值所引起的其他行业相关指标的变动。一般来说，某行业 FDI 占比越高，且该行业对其他行业的产品需求越大，那么，流入该行业的 FDI 对其他行业的间接效应越强。

3. FDI 的第二类间接效应

流入某行业的 FDI 在对其他行业的相关指标产生影响的同时，流入其他行业的 FDI 也会对该行业的相关指标产生间接影响。在衡量分析这种间接影响时，本研究构造了 FDI 对某行业产品的间接和直接需求指标：

$$\text{其他行业 FDI 对 p 行业产品总需求} = \sum_{q\neq p} \alpha_{pq} \times \text{q 行业 FDI 占比}$$

其中，α_{pq} 表示 q 行业单位最终产品对 p 行业产品的直接需求和间接需求之和，即完全消耗系数矩阵的元素，并剔除主对角线值。通常 FDI 对某行业的产品需求越大，且该行业越能代表产业结构演进的方向，则 FDI 对该行业的间接效应越强。

8.2　实证结果及分析

基于上述指标和分析框架，本研究将从高效化、高级化和合理化三个方面全面分析 FDI 流入对北京制造业结构竞争力的影响的全部直接和间接影响。

8.3.1　FDI 对北京制造业结构竞争力的直接效应

1. FDI 对制造业结构高级化的直接效应

FDI 的流入，会直接导致流入行业产值增加，改变制造业产值结构进而改变结构竞争力。例如，外商直接投资所进入的行业属于智能密集或主导产业，那么，外商直接投资企业产出行业占比越高，FDI 对制造业结构竞争力的直接提升效应就越大。表8－1列示了2007年、2010年和2012年北京制造业17个部门产值结构和FDI产出的行业占比。

据表可见：首先，衡量产出结构。交通运输设备制造业，通信设备、计算机及其他电子设备制造业，化学工业和通用、专用设备制造业等四个行业产出占比较高，均超过10%，而且通用、专用设备制造业行业占比增长速度较快。这些行业要么属于主导产业，要么属于高新技术产业（即智能密集型），因此，这些行业代表了北京制造业产业结构升级的方向。其次，从FDI产出行业占比看，FDI行业占比较高的是通信设备、计算机及其他电子设备制造业，交通运输设备制造业，通用、专用设备制造业，食品制造及烟草加工业和仪器仪表及文化办公用机械制造业。尤其是通信设备、计算机及其他电子设备制造业，FDI行业占比高达80%以上，而食品制造及烟草加工业虽然FDI行业占比较高但因行业占比相对较低，因此FDI流入较多的行业集中在行业占比相对较高的交通运输设备制造业，通用、专用设备制造业，通信设备、计算机及其他电子设备制造业等部门。最后，对比FDI流入较多且行业占比较高的行业可以发现，FDI相对集中的行业就是高新技术行业，也即代表了北京制造业结构升级方向的行业。这说明，FDI的流入直接有效地提高了北京制造业的产业结构，也即提升了其高级化。

同时，从动态上看，制造业总的FDI产出占比近年来呈现下降趋势，一些子行业也出现了相似的走势。但交通运输设备制造业，通用、专用设备制造业，通信设备、计算机及其他电子设备制造业，仪器仪表及文化办公用机械制造业和电气、机械及器材制造业等主导产业或高新技术行业与此不同，尤其是交通运输设备制造业，通用、专用设备制造业两个行业的FDI行业占比呈上升趋势，其他行业FDI行业占比仍然保持了较高的水平和低于整体下降速度的态势，这些行业的行业产出占比也呈现上升或趋稳的走势，展现了北京制造业产业结构稳中有升的格局。

表8－1　北京制造业产值结构和FDI行业占比

	2007		2010		2012	
	行业占比	FDI 行业占比	行业占比	FDI 行业占比	行业占比	FDI 行业占比
06	6.48	43.64	5.98	44.77	6.18	44.84
07	1.11	35.06	0.73	37.29	0.2	25.75
08	1.71	38.25	1.66	24.49	2.59	25.22
09	0.75	48.56	0.79	28.82	0.83	29.46
10	3.17	37.31	3.42	37.56	3.61	34.18
11	3.34	4.54	8.96	4.89	5.63	4.47
12	10.21	30.91	12.7	38.92	16.97	29.15
13	3.09	18.94	4.18	15.32	3.55	13
14	14.18	3.37	1.88	12.39	1.03	20.35
15	2.41	48.87	2.24	33.55	2.76	27.39
16	9.94	42.4	13.2	44.15	11.63	48.58
17	11.43	53.97	22.18	62.39	25.26	71.65
18	5.03	47.82	6.53	56.71	5.57	36.67
19	21.33	89.89	11.61	88.3	10.87	79.39
20	4.14	52.07	3.2	41.46	2.66	29.55
21	1.61	14.57	0.68	12.91	0.56	6.04
22	0.05	38.7	0.07	0	0.09	0
制造业	100	51.83	100	50.97	100	48.64

注：行业占比数据是由某一行业增加值占制造业总增加值的比例计算而得。2010年、2012年工业行业统计数据由规模以上工业企业统计数据数据代替，并对增加值及产值数据以2007年为基期的工业品出厂价格指数进行平减，以剔除价格因素的影响，下表同；FDI行业占比由前文定义计算而得。06～22的17个数字代码分别对应上述17个子行业，下表同。

数据来源：原始数据来自相关年份北京统计年鉴。

2. FDI对制造业结构高效化的直接效应

由表8－2可见，北京制造业资本生产率呈现小幅下降走势，与FDI行业占比走势有较大的一致性。2007—2010年，制造业整体资本效率存在小幅下降趋势，其中，金属冶炼及压延加工业，造纸印刷及文教用品制造业，纺织业，工艺品及其他制造业木材加工及家具制造业，服装、皮革、羽绒及其制品业等行业的资本效率下降幅度较大，这些子行业资本下降幅度要远远超出制造业整体资本效率下降幅度，但其FDI行业占比不高。交通运输设备制造业，通用、专用设备制造业，电气、机械及器材制造业，化学工业的资本效率有较大幅度的提升，这些子行业的FDI行业占比也较高且呈上升趋势。特别地，交通运输设备制造业资本效率上升明显，FDI行业占比高达70%，行业占比在制造业子行业中位列第1位，超高的FDI行业占比使得交通运输设备制造业等行业外资企业的资本生产效率在一定程度上影响了整个行业的资本生产效率走势，对整个行业的资本生产效率起到了决定作用，这充分说明FDI对行业资本生产效率的直接影响显著。2010—2012年，制造业整体资本生产率伴随着FDI占比的下降而下降，这也充分说明FDI对行业资本生产效率的直接影响显著。而且，制造业FDI行业占比高的通信设备、计算机及其他电子设备制造业，电气、机械及器材制造业等行业资本效率变化趋势也与FDI在该行业占比走势变化相一致。综上，可以说，FDI在资本生产效率较高行业的聚集直接影响和提升了本行业和整个制造业的资本生产效率。

由表8-2可见，北京制造业整体及大多数部门的劳动生产率均实现了不同程度的上升。从均值上看，交通运输设备制造业，通信设备、计算机及其他电子设备制造业，仪器仪表及文化办公用机械制造业，电气、机械及器材制造业，石油加工、炼焦及核燃料加工业，化学工业，金属冶炼及压延加工业等行业劳动生产率相对较高，这些行业的FDI集中无疑会直接提高本行业及整个制造业的劳动生产率。然而，电气、机械及器材制造业，化学工业、交通运输设备制造业等FDI行业占比较高的行业的劳动生产率的提升不及其他FDI行业占比不高而且呈下降趋势的服装、皮革、羽绒及其制品业，木材加工及家具制造业，造纸印刷及文教用品制造业等行业，这在一定程度上说明FDI对流入行业的劳动生产率起到了直接的决定作用，并有可能产生了较大的溢出效应。此外，FDI的流入对整个制造业的劳动生产率的直接提升作用明显，进而提升了制造业结构的高效化。

表8-2　资本生产率（KP）、劳动生产率（LP）与FDI行业占比

单位：1、百人/亿元

	KP			LP			FDI行业占比（%）		
	2007	2010	2012	2007	2010	2012	2007	2010	2012
06	2.21	2.44	2.42	8.47	9.05	8.72	43.64	44.77	44.84
07	1.5	2.2	2.81	15.53	17.25	13.88	35.06	37.29	25.75
08	1.23	1.39	1.19	27.21	18.09	10.12	38.25	24.49	25.22
09	2.48	3.11	1.98	17.76	14.88	10.02	48.56	28.82	29.46
10	3.5	4.06	3.06	12.27	8.74	5.35	37.31	37.56	34.18
11	0.94	1.01	0.94	3.35	0.9	1.36	4.54	4.89	4.47
12	3.26	2.01	1.4	6.7	4.93	4.82	30.91	38.92	29.15
13	3.25	2.62	2.52	12.64	7.74	7.64	18.94	15.32	13
14	0.78	3.99	4.03	2.76	7.6	7.31	3.37	12.39	20.35
15	2.55	2.83	2.55	10.47	10.43	7.23	48.87	33.55	27.39
16	1.93	1.42	1.85	8.19	5.66	5	42.4	44.15	48.58
17	1.94	1.45	1.66	5.6	2.83	2.7	53.97	62.39	71.65
18	1.32	1.28	1.96	6.01	4.81	5.08	47.82	56.71	36.67
19	2.44	3.91	4.49	3.99	5.29	5.76	89.89	88.3	79.39
20	0.8	0.92	0.99	4.8	5.58	5.42	52.07	41.46	29.55
21	0.43	4.07	3.72	5.21	10.7	6.91	14.57	12.91	6.04
22	2.01	5.08	1.28	5.42	10.13	4.65	38.7	0	0
制造业	1.99	2.05	2.09	6.43	5.35	4.91	51.83	50.97	48.64

注：相关指标的计算公式参照本报告前文设定。

数据来源：原始数据来自相关年份北京统计年鉴、北京投入产出表。

表8－3所示，污染排放度（SEW和SEG）较高的行业主要有石油加工、炼焦及核燃料加工业，非金属矿物制品业，纺织业，金属冶炼及压延加工业等，其废水和废气排放均显著高于制造业其他行业。石油加工、炼焦及核燃料加工业，非金属矿物制品业，纺织业，金属冶炼及压延加工业的能耗指数（SEE）也显著高于制造业其他行业，此外，食品制造及烟草加工业，木材加工及家具制造业，废品废料行业能耗指数也相对高于其他行业。对比FDI行业占比及两项排放指标值可以发现，FDI相对集中流入的行业，其污染排放强度及能耗指数也相对较低。如交通运输设备制造业和通信设备、计算机及其他电子设备制造业，电气、机械及器材制造业和通用、专用设备制造业四个行业，FDI行业占比一直位居前列，其污染排放和能耗也几乎是17部门中最低的。其废气排放最高的石油加工、炼焦及核燃料加工业一直是废水排放强度最高的部门，而FDI行业占比几乎处于最低。废水排放很高且废气排放也较多的纺织业，其FDI行业占比不高，而且该行业的总行业占比非常低，因而FDI流入量也较低。综上，由于FDI流入相对集中在较为清洁且低能耗的行业，而污染较为集中的行业FDI流入相对较少，因此，FDI的流入对制造业结构高效化的直接提升作用是明显的。

表8－3　北京产业结构环境指数与FDI行业占比

单位：万吨/亿元，吨/亿元，万吨标准煤/亿元

	SEW			SEG			SEE			FDI行业占比（%）		
	2007	2010	2012	2007	2010	2012	2007	2010	2012	2007	2010	2012
06	2.72	2.37	2.75	14.46	27.33	52.59	0.88	0.85	0.81	43.64	44.77	44.84
07	2.65	2.57	6.66	14.09	29.64	127.27	0.86	0.92	1.96	35.06	37.29	25.75
08	1.98	1.2	1.41	10.5	13.88	26.87	0.64	0.43	0.41	38.25	24.49	25.22
09	2.68	2.01	2.55	14.21	23.22	48.67	0.87	0.72	0.75	48.56	28.82	29.46
10	2.31	1.69	2.16	12.28	19.56	41.3	0.75	0.61	0.64	37.31	37.56	34.18

续表

	SEW			SEG			SEE			FDI 行业占比（%）		
	2007	2010	2012	2007	2010	2012	2007	2010	2012	2007	2010	2012
11	37. 42	8. 82	15. 23	198. 6	101. 89	290. 76	12. 1	3. 16	4. 48	4. 54	4. 89	4. 47
12	4. 65	2. 72	2. 04	24. 69	31. 39	38. 93	1. 5	0. 97	0. 6	30. 91	38. 92	29. 15
13	18. 3	8. 73	10. 07	97. 13	100. 8	192. 22	5. 92	3. 13	2. 96	18. 94	15. 32	13
14	8. 75	2. 68	6. 01	46. 43	30. 96	114. 7	2. 83	0. 96	1. 77	3. 37	12. 39	20. 35
15	1. 92	1. 74	2. 07	10. 17	20. 1	39. 6	0. 62	0. 62	0. 61	48. 87	33. 55	27. 39
16	1. 2	0. 72	0. 84	6. 38	8. 32	16. 06	0. 39	0. 26	0. 25	42. 4	44. 15	48. 58
17	1. 07	0. 57	0. 7	5. 68	6. 54	13. 35	0. 35	0. 2	0. 21	53. 97	62. 39	71. 65
18	0. 58	0. 51	0. 79	3. 09	5. 84	15. 07	0. 19	0. 18	0. 23	47. 82	56. 71	36. 67
19	0. 52	0. 64	1. 16	2. 76	7. 36	22. 08	0. 17	0. 23	0. 34	89. 89	88. 3	79. 39
20	0. 27	0. 28	0. 51	1. 45	3. 29	9. 78	0. 09	0. 1	0. 15	52. 07	41. 46	29. 55
21	1. 32	1. 72	1. 76	6. 99	19. 88	33. 54	0. 43	0. 62	0. 52	14. 57	12. 91	6. 04
22	4. 64	7. 19	2. 73	24. 61	83. 07	52. 09	1. 5	2. 58	0. 8	38. 7	0	0
制造业	4. 33	2. 2	2. 47	22. 97	25. 37	47. 14	1. 4	0. 79	0. 73	51. 83	50. 97	48. 64

注：相关指标计算公式及计算方法参见本报告前文设定。

数据来源：原始数据来自相关年份北京统计年鉴。

3. FDI 对制造业结构合理化的直接效应

产业结构合理化的衡量指标是制造业部门内产业与产业之间的协调程度与聚合程度。考虑到数据的可取性，本部分只对 FDI 对制造业产业结构协调性的直接影响进行研究。

如表 8－4 所示，北京制造业结构协调性较高的行业主要有电气、机械及器材制造业，通用、专用设备制造业，仪器仪表及文化办公用机械制造业，化学工业，纺织业，造纸印刷及文教用品制造业等。尤其是电气、机械及器材制造业，其三年的单行业结构协调性极高。通用、专用设备制造业和通信设备、计算机及其他电子设备制造业，金属冶炼及压延加工业的行业结构协调性明显增强。FDI 在这些行业的集中流入能直接带动改善整个制造业的结构协调性。结构协调性较低的行业主要有食品制造及烟草加工业，服装、皮革、羽绒及其制品业，石油加工、炼焦及核燃料加工业和交通运输设备制造业等，尤以交通运输设备制造业为最。FDI 在这些行业的集中流入则无助于制造业全行业的结构协调性改善。对比分析可知，FDI 集中流入的行业中，结构协调性较高（如电气、机械及器材制造业）和结构协调性较低（如食品制造及烟草加工业）的行业都有。动态来看，北京制造业的结构协调性整体呈现向好走势，随着 FDI 行业占比的继续走低，FDI 流入对北京制造业结构协调性进而合理化的直接影响也将趋弱。

表 8－4　制造业产业结构协调性（D）和 FDI 行业占比

	2007		2010		2012	
	D	FDI 行业占比（%）	D	FDI 行业占比（%）	D	FDI 行业占比（%）
06	2.06	43.64	4.13	44.77	4.81	44.84
07	1.57	35.06	1.62	37.29	0.37	25.75
08	5.51	38.25	3.94	24.49	2.76	25.22
09	1.32	48.56	1.4	28.82	0.87	29.46
10	2.88	37.31	2.17	37.56	0.33	34.18
11	1.6	4.54	7.45	4.89	4.06	4.47
12	0.42	30.91	1.01	38.92	0.31	29.15
13	2.99	18.94	1.87	15.32	1.98	13
14	8.09	3.37	0.79	12.39	0.5	20.35
15	1.51	48.87	2.13	33.55	1.3	27.39
16	2.72	42.4	0.77	44.15	0.21	48.58
17	1.48	53.97	10.46	62.39	11.36	71.65
18	0.33	47.82	0.66	56.71	0.2	36.67
19	8.11	89.89	0.11	88.3	1.9	79.39
20	1.05	52.07	0.14	41.46	0.28	29.55

续表

	2007		2010		2012	
	D	FDI 行业占比 (%)	D	FDI 行业占比 (%)	D	FDI 行业占比 (%)
21	0.3	14.57	0.67	12.91	0.23	6.04
22	0.01	38.7	0.06	0	0.01	0
制造业	2.47	51.83	2.32	50.97	1.85	48.64

注：各行业结构协调性指标的计算方法为各行业增加值占比与劳动占比的差取绝对值；制造业的产业结构协调性指标为各行业结构协调性指标的平均值。

数据来源：原始数据来自相关年份北京统计年鉴。

8.3.2　FDI 对北京制造业结构竞争力的间接效应

如前文所述就 FDI 对制造业结构竞争力的间接效应，本研究将分对其他行业的间接影响和对本行业的间接影响两部分来分析。

1. FDI 的第一类间接效应

基于投入产出模型，本研究得到修正后的结构竞争力完全系数矩阵，通过测算制造业各行业单位产出价值所引起其他行业相关指标数据的变化，并结合 FDI 的行业占比，更准确地说明流入某行业的 FDI 对其他行业结构竞争力的间接效应。

(1) FDI 对其他行业结构高级化的间接效应

从表 8－5 的数据可以看出，交通运输设备制造业，通用、专用设备制造业，电气、机械及器材制造业，仪器仪表及文化办公用机械制造业，金属制品业，造纸印刷及文教用品制造业等行业对其他行业的行业占比拉动效应相对较强，而这些行业也有着较高的 FDI 行业占比；通信设备、计算机及其他电子设备制造业，食品制造及烟草加工业等行业对其他行业的行业占比拉动效应较弱，行业占比较高；石油加工、炼焦及核燃料加工业，非金属矿物制品业等行业对其他行业的行业占比拉动效应相对较弱，且

FDI 行业占比较低。对比前文各行业产出占比可知，虽然 FDI 的相对集中流入对交通运输设备制造业，通用、专用设备制造业，电气、机械及器材制造业等行业产生了较为显著的直接影响，但由于这些行业具有较高的对其他行业的产业拉动作用，通过产业间关联，FDI 在直接提高所流入行业的行业占比的同时，会由于对其他行业的引致需求间接提升其他行业的行业占比，这在一定程度上削弱了 FDI 流入对整个制造业产业结构高级化的提升。

表 8-5 北京某行业单位价值产出对其他行业行业占比的影响及 FDI 行业占比

	2007		2010		2012	
	SV-I	FDI 行业占比（%）	SV-I	FDI 行业占比（%）	SV-I	FDI 行业占比（%）
06	2.77	43.64	1.88	44.77	3.97	44.84
07	3.01	35.06	2.37	37.29	7.56	25.75
08	2.76	38.25	2.05	24.49	4.59	25.22
09	8.3	48.56	3.79	28.82	5.78	29.46
10	6.16	37.31	3.63	37.56	7.31	34.18
11	0.74	4.54	0.27	4.89	0.77	4.47
12	2.02	30.91	1.34	38.92	1.04	29.15
13	4.51	18.94	1.99	15.32	5.09	13
14	1.58	3.37	1.07	12.39	8.79	20.35
15	15.71	48.87	2.82	33.55	8.65	27.39
16	11.86	42.4	4.76	44.15	7.95	48.58
17	8.14	53.97	2.97	62.39	8.7	71.65
18	13.09	47.82	4.58	56.71	10.6	36.67
19	4.83	89.89	2.54	88.3	5.32	79.39
20	13.31	52.07	5.6	41.46	11.26	29.55
21	13.23	14.57	2.43	12.91	12.13	6.04
22	2.02	38.7	1.24	0	3.32	0

注：SV-I 为一行业单位价值产出对制造业其他所有行业占比的影响的总和。
数据来源：计算使用的原始数据来自相关年份的北京统计年鉴及北京投入产出表。

(2) FDI 对其他行业结构高效化的间接效应

如表 8－6 所示，制造业各部门单位价值产出对其他部门资本和劳动需求较大的部门主要有服装、皮革、羽绒及其制品业，造纸印刷及文教用品制造业，金属制品业，通用、专用设备制造业，交通运输设备制造业，电气、机械及器材制造业，通信设备、计算机及其他电子设备制造业，仪器仪表及文化办公用机械制造业等，其中 FDI 流入相对较为集中的行业（即行业占比和 FDI 行业占比均相对较高）有通用、专用设备制造业，交通运输设备制造业，电气、机械及器材制造业，通信设备、计算机及其他电子设备制造业；对其他部门需求较小的部门主要有纺织业，石油加工、炼焦及核燃料加工业，金属冶炼及压延加工业等，这几个行业的 FDI 行业占比相对较低。由此可见，表面上 FDI 流入了生产率相对较高的行业并对这些行业的生产率起到了决定作用进而推动整个制造业生产效率的提升，但这些行业通过产业关联，对其他行业产生了较高的资本和劳动需求，这虽提升了这些行业的产出和就业规模，但也在一定程度上减弱了 FDI 流入所产生的生产效率提升作用。

表 8－6　北京某行业单位价值产出对其他行业资本和劳动的需求及 FDI 行业占比

	KP－I			LP－I			FDI 行业占比（%）		
	2007	2010	2012	2007	2010	2012	2007	2010	2012
06	0.92	0.65	1.34	2.93	1.7	3.15	43.64	44.77	44.84
07	0.89	0.52	1	2.42	1.38	2.95	35.06	37.29	25.75
08	1.53	1.9	3.2	10.94	12.29	13.79	38.25	24.49	25.22
09	2.1	1.8	2.72	8.08	5.82	6.51	48.56	28.82	29.46
10	1.7	0.88	3.68	4.89	2.63	8.11	37.31	37.56	34.18
11	0.19	0.06	0.13	0.57	0.17	0.37	4.54	4.89	4.47
12	0.42	0.49	0.82	1.67	1.18	1.78	30.91	38.92	29.15
13	1.02	0.78	2.57	3.01	1.79	5.48	18.94	15.32	13
14	0.55	0.55	1.01	1.76	1.27	3.22	3.37	12.39	20.35

续表

	KP－I			LP－I			FDI 行业占比（%）		
	2007	2010	2012	2007	2010	2012	2007	2010	2012
15	1.44	2.89	8.4	4.8	5.82	16.34	48.87	33.55	27.39
16	1.57	2.2	5.32	4.65	4.57	10.38	42.4	44.15	48.58
17	1.45	1.2	3.85	4.86	3.06	8.47	53.97	62.39	71.65
18	1.93	2.16	5.87	5.38	4.37	11.38	47.82	56.71	36.67
19	1.29	0.8	2.12	4.02	2.14	4.85	89.89	88.3	79.39
20	2.13	2.01	5.21	5.96	4.12	9.48	52.07	41.46	29.55
21	1.51	2.53	4.82	6.07	6.55	10.18	14.57	12.91	6.04
22	0.49	0.27	0.64	1.53	0.71	1.72	38.7	0	0

注：KP－I、LP－I 分别为一行业单位价值产出对制造业其他所有行业的资本和劳动的需求总和。

数据来源：计算使用的原始数据来自相关年份的北京统计年鉴及北京投入产出表。

如表 8－7 所示，通用、专用设备制造业，电气、机械及器材制造业，金属制品业，仪器仪表及文化办公用机械制造业，服装、皮革、羽绒及其制品业，交通运输设备制造业，造纸印刷及文教用品制造业，工艺品及其他制造业等行业单位价值产出对其他行业的排污和能耗有较大的拉动效应。其中，通用、专用设备制造业，电气、机械及器材制造业，交通运输设备制造业，金属制品业，仪器仪表及文化办公用机械制造业的 FDI 行业占比也较高；相反，石油加工、炼焦及核燃料加工业、非金属矿物制品业和金属冶炼及压延加工业等排污和能耗较高的行业对其他行业的排污和能耗拉动效应较小，其 FDI 的行业占比也较低。对比之后不难发现，通用、专用设备制造业，电气、机械及器材制造业，交通运输设备制造业，金属制品业等行业虽然本身排污和能耗指标较低，但其对其他行业的拉动效应明显高于其他制造业行业，随着 FDI 的集中流入，会间接引起其他相关行业排污和能耗的大量增加。类似地，考虑对其他行业的间接影响之后，FDI 促进产业结构高效化的综合效应削弱了。

表8－7　某行业单位价值产出对其他行业排污和能耗的影响及FDI行业占比

	SEW－I			SEG－I			SEE－I			FDI行业占比（%）		
	2007	2010	2012	2007	2010	2012	2007	2010	2012	2007	2010	2012
06	2.44	0.7	2.08	12.94	8.14	39.67	0.79	0.25	0.61	43.64	44.77	44.84
07	2.12	0.62	1.68	11.23	7.18	32.05	0.68	0.22	0.49	35.06	37.29	25.75
08	3.06	2.12	6.86	16.27	24.42	131.09	0.99	0.76	2.02	38.25	24.49	25.22
09	6.3	1.65	4.46	33.45	19.07	85.17	2.04	0.59	1.31	48.56	28.82	29.46
10	5.15	1.16	6.04	27.32	13.43	115.23	1.66	0.42	1.78	37.31	37.56	34.18
11	0.36	0.07	0.17	1.93	0.76	3.33	0.12	0.02	0.05	4.54	4.89	4.47
12	4.32	0.91	1.75	22.91	10.48	33.32	1.4	0.32	0.51	30.91	38.92	29.15
13	6.38	0.91	4.77	33.85	10.46	91	2.06	0.32	1.4	18.94	15.32	13
14	4.45	0.67	1.78	23.63	7.78	34.04	1.44	0.24	0.52	3.37	12.39	20.35
15	11.88	2.26	12.9	63.03	26.08	246.11	3.84	0.81	3.8	48.87	33.55	27.39
16	6.18	1.37	6.95	32.81	15.86	132.56	2	0.49	2.04	42.4	44.15	48.58
17	4.96	1.01	4.92	26.3	11.65	93.95	1.6	0.36	1.45	53.97	62.39	71.65
18	6.51	1.43	7.38	34.57	16.55	140.9	2.11	0.51	2.17	47.82	56.71	36.67
19	4.09	0.96	3.13	21.73	11.12	59.69	1.32	0.34	0.92	89.89	88.3	79.39
20	4.04	1.01	4.71	21.45	11.64	89.94	1.31	0.36	1.39	52.07	41.46	29.55
21	10.5	2.15	6.23	55.73	24.82	118.84	3.4	0.77	1.83	14.57	12.91	6.04
22	1.76	0.27	1.24	9.35	3.07	23.7	0.57	0.09	0.37	38.7	0	0

注：SEW－I、SEG－I和SEE－I分别为一行业单位价值产出对制造业其他所有行业的相关指标的影响总和。

数据来源：相关年份的北京统计年鉴及北京投入产出表。

2. FDI的第二类间接效应

根据前文分析可知，FDI的流入在直接影响本行业结构竞争力指标的同时会对其他行业的相关指标产生影响。不难推测，流入其他行业的FDI同样会对该行业的结构竞争力指标产生影响。如果其他行业的FDI对该行业的产品需求较大，则FDI对该行业的间接效应就较大。此时，若该行业代表了产业结构升级的方向，则这种效应就是正效应，也就是会间接导致产业结构的升级进而提升结构竞争力；相反，则这种效应就是负效应，也就是会降低产业结构升级的速度，相对降低产业结构竞争力。

根据前文对其他行业 FDI 对某行业产品总需求指标的设定，笔者用 17 个部门完全消耗系数矩阵（剔除主对角线值）乘以由 2007 年、2010 年和 2012 年的 FDI 行业占比组成的 17 ×3 阶矩阵，得到新的 17 ×3 阶矩阵，即其他行业 FDI 对某行业产品总需求矩阵，转置后如表 8 - 8 所示。

从表 8 - 8 的数据来看，其他行业 FDI 对化学工业和金属冶炼及压延加工业的产品总需求最大，2012 年单值超过 1；其次是通信设备、计算机及其他电子设备制造业，电气、机械及器材制造业，通用、专用设备制造业，纺织业，造纸印刷及文教用品制造业等行业，年均值在 0.2 ~0.4 之间；其他行业 FDI 对食品制造及烟草加工业，服装、皮革、羽绒及其制品业，木材加工及家具制造业，交通运输设备制造业，仪器仪表及文化办公用机械制造业等行业的产品需求最小，年均值都不足 0.1。观察可知，在其他行业的 FDI 对其产品需求较大的行业中，通信设备、计算机及其他电子设备制造业，电气、机械及器材制造业，通用、专用设备制造业，以及化学工业中的医药制造业属于高新技术产业，化学工业也属于主导产业。这些行业较好地代表了北京制造业产业结构的演化方向，有利于北京制造业结构向高级化发展。此外，结合前文数据，这些行业本身大多数属于排污和能耗指标较低的行业，FDI 对这些行业的产品需求也有利于北京制造业结构向着高效化发展，因此，FDI 流入对这些行业产生了较大的正向间接效应。同时应该看到，劳动生产率较低的石油加工、炼焦及核燃料加工业和和排污及能耗较高的非金属矿物制品业对北京制造业结构的高级化和高效化发展也产生了一定的阻碍。

表 8－8　北京其他行业 FDI 对某行业产品总需求指标

	06	07	08	09	10	11	12	13	14	15	16	17	18	19	20	21	22
2007	0.01	0.3	0.04	0.03	0.15	0.25	0.92	0.14	1.56	0.34	0.24	0.05	0.21	0.46	0.05	0.02	0.08
2010	0.01	0.22	0.03	0.02	0.08	0.07	0.57	0.09	0.74	0.19	0.09	0.05	0.17	0.33	0.03	0.02	0.06
2012	0.02	0.28	0.02	0.06	0.21	0.12	1.23	0.15	2.58	0.19	0.28	0.03	0.27	0.42	0.07	0.01	0.05

第 9 章 结论与政策启示

Chapter Nine

9.1 研究结论

本研究在就外商直接投资对制造业结构竞争力的影响机制进行分析的基础上，构建了较为全面的制造业结构竞争力评价指标体系，并以此指标体系为分析对象、依影响机制设定分析框架，建立投入产出模型，从全产业链的角度分析研究了制造业中 FDI 对进入行业的直接效应和间接效应。研究结果表明：

9.1.1 未引入投入产出模型之前 FDI 对北京制造业的直接效应

1. 从 FDI 对制造业结构高级化的直接效应来看，考察期北京制造业总的 FDI 产出占比呈下降趋势，但交通运输设备制造业，通用、专用设备制造业，通信设备、计算机及其他电子设备制造业，仪器仪表及文化办公用机械制造业和电气、机械及器材制造业等主导产业或高新技术行业的 FDI 行业占比保持较高水平，其中部分行业的 FDI 行业占比呈明显上升趋势。可以看出，北京制造业 FDI 流入相对比较集中的行业主要是高新技术行业，FDI 的流入直接有效地提升了北京制造业结构高级化。

2. 从 FDI 对制造业结构高效化的直接效应来看，考察期北京制造业资本生产率呈现小幅下降走势。2007—2010 年，交通运输设备制造业，通用、专用设备制造业，电气、机械及器材制造业，化学工业等FDI行业占比较高的行业的资本效率呈较大幅度的上升趋势。这在很大程度上消除了金属冶炼及压延加工业，纺织业等FDI行业占比不高行业的资本效率明显下降对制造业整体资本效率的影响。2010—2012年，FDI行业占比高的通信设备、计算机及其他电子设备制造业，电气、机械及器材制造业等行业资本效率变化趋势与其FDI行业占比走势、制造业整体资本效率走势保持一致。这说明，FDI在资本生产效率较高的行业的聚集直接影响和提升了本行业和整个制造业的资本生产效率。

考察期北京制造业整体及大多数行业的劳动生产率均实现了不同程度的上升。从均值来看，交通运输设备制造业，通信设备、计算机及其他电子设备制造业，仪器仪表及文化办公用机械制造业，电气、机械及器材制造业，石油加工、炼焦及核燃料加工业，化学工业，金属冶炼及压延加工业等行业的劳动生产率相对较高，这些行业的FDI集中直接提高了本行业及整个制造业的劳动生产率。但电气、机械及器材制造业，化学工业等FDI行业占比较高行业的劳动生产率的提升不及其他FDI行业占比不高而且呈下降趋势的行业。这说明FDI对流入行业的劳动生产率起到了直接的决定作用，部分FDI行业占比较高的行业有可能对FDI行业占比较低的行业产生了较大的溢出效应。总体来看，FDI的流入对整个制造业的劳动生产率的直接提升作用明显，进而提升制造业结构的高效化。

从各行业污染排放强度及能源消耗的直接效应来看，FDI相对集中流入的行业，其污染排放强度及能耗指数也相对较低。如交通运输设备制造业和通信设备、计算机及其他电子设备制造业，电气、机械及器材制造业和通用、专用设备制造业四个行业，FDI行业占比高而且其污染排放和能耗较低。而废气排放高、废水排放强的部门，FDI行业占比不高，其行业占比很低，FDI流入量较低。由于FDI流入相对集中在较为清洁且低能耗的行业，污染较为集中的行业FDI流入相对较少，因此，FDI的流入对制造业结构高效化的直接提升作用明显。

3. 从 FDI 对制造业结构合理化的直接效应来看，北京制造业结构协调性较高的行业主要有电气、机械及器材制造业，通用、专用设备制造业，仪器仪表及文化办公用机械制造业，化学工业，纺织业等行业。通用、专用设备制造业和通信设备、计算机及其他电子设备制造业等行业的结构协调性明显增强。FDI 在这些行业的集中流入直接带动和改善了整个制造业的结构协调性。动态来看，北京制造业的结构协调性整体呈现向好走势，但随着 FDI 行业占比的走低，FDI 流入对北京制造业结构协调性进而合理化的直接影响趋弱。

9.1.2 引入投入产出模型后 FDI 的第一类间接效应和 FDI 第二类间接效应

1. 从 FDI 的第一类间接效应来看。FDI 对其他行业结构高级化的间接效应显示：交通运输设备制造业，通用、专用设备制造业，电气、机械及器材制造业，仪器仪表及文化办公用机械制造业，金属制品业等行业对其他行业的行业占比拉动效应较强而且 FDI 行业占比较高，FDI 行业占比较低的一些行业对其他行业的行业占比拉动效应相对较弱。FDI 相对集中流入的交通运输设备制造业，通用、专用设备制造业，电气、机械及器材制造业等行业，通过产业间关联对其他行业的引致需求间接提升了其他行业的行业占比，一定程度上削弱了 FDI 流入对整个制造业产业结构高级化的提升。

FDI 对其他行业结构高效化的间接效应显示：制造业各部门单位价值产出对其他部门资本和劳动需求较大的部门主要有服装、皮革、羽绒及其制品业，造纸印刷及文教用品制造业，金属制品业，通用、专用设备制造业，交通运输设备制造业，电气、机械及器材制造业，通信设备、计算机及其他电子设备制造业，仪器仪表及文化办公用机械制造业等行业。但

FDI 流入相对较为集中的通用、专用设备制造业，交通运输设备制造业，电气、机械及器材制造业，通信设备、计算机及其他电子设备制造业等行业通过产业关联，对其他行业产生了较高的资本和劳动需求，这提升了其他行业的产出和就业规模，但也在一定程度上减弱了 FDI 流入所产生的生产效率提升作用。

从对各行业污染排放和能源消耗的间接效应来看，通用、专用设备制造业，电气、机械及器材制造业，金属制品业，仪器仪表及文化办公用机械制造业，服装、皮革、羽绒及其制品业，交通运输设备制造业，造纸印刷及文教用品制造业，工艺品及其他制造业等行业单位价值产出对其他行业的排污和能耗有较大的拉动效应。虽然通用、专用设备制造业，电气、机械及器材制造业，交通运输设备制造业，金属制品业等行业本身排污和能耗指标较低，但由于对其他行业的拉动效应明显高于其他制造业行业，随着 FDI 的集中流入，会间接引起其他相关行业排污和能耗的大量增加。考虑到对其他行业的间接影响，FDI 促进产业结构高效化的综合效应就削弱了。

2. 从 FDI 的第二类间接效应来看，其他行业 FDI 对化学工业和金属冶炼及压延加工业的产品总需求最大，其次是通信设备、计算机及其他电子设备制造业，电气、机械及器材制造业，通用、专用设备制造业，纺织业，造纸印刷及文教用品制造业等行业。在其他行业的 FDI 对其产品需求较大的行业中，通信设备、计算机及其他电子设备制造业，电气、机械及器材制造业，通用、专用设备制造业，以及化学工业中的医药制造业属于高新技术产业，化学工业也属于主导产业。这些行业也代表了北京制造业产业结构的演化方向，有利于北京制造业结构向高级化发展。这些行业大多数也属于排污和能耗指标较低的行业，FDI 对这些行业的产品需求也有利于北京制造业结构向着高效化发展，FDI 流入对这些行业产生了较大的正向间接效应。

综上可以看出，北京制造业结构竞争力整体呈现上升趋势，产业结构趋于高级化，产业协调性逐年升高，产业结构环境逐渐向好，劳动生产率显著升高，但资本生产率并未有明显上升。FDI 相对集中流入的行业多为主导产业和高新技术产业，在传统制造行业中 FDI 行业占比相对较低。不考虑产业关联时，北京制造业的外资结构对制造业结构竞争力的提升，尤其是对制造业结构高级化和高效化的提升效应较为显著。引入投入产出模型后，FDI 对其他行业的间接效应显示，FDI 相对集中流入的行业对其他行业的资本和劳动需求及排污和能耗拉动作用较大，这部分抵消了 FDI 对某行业的直接效应，有碍于制造业结构朝高级化和高效化的发展。由于 FDI 相对集中流入的行业具有较高的对其他行业的产业拉动作用，通过产业间关联，由于对其他行业的引致需求间接提升其他行业的行业占比，这在一定程度上削弱了 FDI 流入对整个制造业产业结构高级化的提升。FDI 的第二类间接效应显示，其他行业 FDI 产品需求较大的行业主要集中于制造业的主导产业和高新技术产业，这有利于北京制造业产业结构的升级和结构竞争力的提升。

9.2 政策启示

基于以上研究结论，笔者认为要使外商直接投资在提升北京制造业结构竞争力中发挥更大的作用，首先要充分认识外商直接投资在提高制造业结构竞争力中的局限性及其可能带来的负面影响。不仅要积极引导外商直接投资流向高新技术产业，更要采取措施鼓励外资企业分享先进技术，减少对本土低端制造业或高污染、高能耗行业的产品需求。根据北京制造业的资金需求以及北京制造业产业结构升级的方向，笔者提出以下政策建议：

9.2.1　继续加强引导FDI流向高技术型主导产业

高新技术产业代表了制造业结构的升级方向，FDI在这些行业的集中流入，不仅直接提升了北京制造业的产业结构，还对流入行业进而整个行业的劳动生产率和资本生产率的提升具有正向推动作用。高技术产业和主导产业是不同角度的产业划分，前者强调产业的技术水平；后者强调对经济发展的主导作用，高技术产业与主导产业的融合是地区产业结构高级化的显著标志。因此，应该坚定不移地引导FDI流向高端制造业，加快培育高技术型主导产业是快速提升北京制造业结构竞争力最直接且行之有效的办法。

9.2.2　鼓励企业研发投入，重视高精尖人才培养，为技术转移和外溢提供条件

FDI会对所进入行业的劳动生产率和资本生产率产生显著作用。但要由此推动制造业整体劳动生产率和资本生产率的提升就必须加强外资企业的技术转移和本土企业的技术吸收能力。企业的研究与开发以及创新活动是决定企业技术吸收能力的核心要素，因此也是企业获取技术外溢的关键因素。目前北京企业的R&D投入比与国际水平相比有一定的差距，科技开发的主体地位还没有完全建立起来，这在一定程度上会制约企业的技术吸收能力。因此，应该采取直接奖励、补贴或税收抵免等财政政策以及优惠贷款利率等货币政策，刺激企业的R&D投入。此外，要提高国内企业技术吸收能力，还应着重培养高新技术人才，为提高技术吸收能力创造良好的人力资源条件。

9.2.3　加强产业关联，提升制造业结构竞争力

产业关联是决定技术转移、技术外溢和东道国产业结构调整和升级的

一个重要因素，因此政府在制定引资政策时，应根据首都北京的具体产业和行业情况制定相应的促进关联的政策，尤其是要充分发挥 FDI 的“第二类间接效应”，这对于促进北京制造业竞争力的提升有着重要作用。

通过 FDI 关联效应提升制造业产业结构竞争力的方式在于，政府通过各项措施，促进北京制造业企业与跨国公司建立关联，减少二者之间存在的信息不对称，在建立紧密关联的基础上，促使企业沿着切入、提升、超越的路线逐步提高其国际竞争力水平。从行业层面来看，应选择制造业中的行业占比较大且“第二类间接效应”较大的行业作为主导产业的培养对象，鼓励 FDI 进入这些行业，通过建立有效的关联，带动制造业其他相关行业的发展，最终实现制造业整体产业结构的调整与升级。在主导行业选择上，基于前面部分的分析，应选择发展迅速、代表产业结构调整方向且对其他行业关联效应大的行业作为重点扶持和鼓励外资进入的行业。例如，交通运输设备制造业，电气、机械及器材制造业，通信设备、计算机及其他设备制造业，通用、专用设备制造业和仪器仪表及文化办公用机械制造业等。

Part Three

第三部分

外商直接投资对北京制造业综合竞争力的影响：基于 CGE 模型的分析

FDI是国际分工高度发展的产物，是世界经济发展的重要推动力量。FDI对一国或地区制造业的发展基础、发展模式、产业结构、技术水平和消费方式的变革都有重要的影响和作用。本部分借鉴国内外已有研究成果，结合北京实际构建FDI对制造业竞争力影响的可计算一般均衡（CGE）评估模型，在评估模型中引入非完全竞争市场的假设，从技术进步、转型升级、市场结构、资本形成、国际贸易等多个层面，基于CGE模型全面评估北京制造业综合竞争力提升过程中FDI的作用，深入研究FDI对于推动北京制造业发展与变革的作用，掌握北京制造业最新发展趋势及未来可能走向，为合理有效利用外资促进北京制造业综合竞争力提升的政策设计提供智力支撑。

第10章 国内外文献述评

Chapter Ten

10.1 国内文献述评

FDI的增长对中国制造业的发展起到了重要作用，引起了国内学者的高度关注，并就FDI对中国制造业的影响机制与途径进行了深入研究。

近年来，许多研究成果都表明FDI能够产生正向的行业内溢出效应，何洁、许罗丹（1999）研究认为FDI的技术溢出效应显著，FDI的技术水平每上升1%，就会带来中国制造业相关企业产量增加2.3%。沈坤荣（1999）认为FDI对制造业的技术溢出效应与中国制造业生产要素生产率关系密切。陈涛涛等（2003）就FDI技术溢出效应进行研究，研究结论为：制造业集中度较低时，技术差距与溢出效应成正比，反之则成反比。

王松青（1997）认为FDI有市场结构效应，有利于推动中国制造业形成高度集中的垄断市场。藤维藻（1991）、李太勇（1999）、闰宗陶（2001）、陈飞翔（2002）认为，FDI在进入中国后，会利用自身优势，形成市场垄断，从而削弱竞争，控制制造业产业，实现自身利润最大化。另外一部分学者（王洛林等，2000；江小涓，2002）则认为，鉴于多国投资同时进入中国，FDI很难在中国制造业市场形成垄断，反之，则有利于中国制造业市场竞争性的增强。

Chen 和 Chang（1995）的研究表明，FDI 的增加会进一步加剧区域经济发展不平衡，从而加剧了区域工资分配不平等。李雪辉、许罗丹（2002）研究发现，FDI 推动行业效率提高，增加了高效率工种工资，最终外资较为集中地区整体的工资水平都得到了较高的提升。宣烨和赵曙东（2005）的分析表明，地区间工资差距逐步扩大，FDI 产生相应的价格效应，这些与 FDI 区域分布不均匀有着重要联系。

王小鲁和樊刚（2000）的研究结果显示，FDI 对我国资本形成产生了显著的"挤入效应"，而王志鹏和李子奈（2004）分别就 FDI 对我国东、中、西部的国内投资效应进行实证研究的结果显示，我国东部地区的 FDI 对国内投资有明显的"挤出效应"，中部地区则有明显的挤入效应，西部地区挤出效应不显著。杨柳勇和沈国良（2002 ）、张倩肖（2004）的分析结果认为，从长期来看，FDI 对我国的国内投资存在着挤出效应。朱劲松（2001）对 FDI 在我国的资本形成效应进行实证分析的结果表明，FDI 有助于我国当年的国内资本形成，但对下一年的国内资本形成具有明显的挤出效应。陈涛涛（2003）通过对中国制造业 FDI 溢出效应进行实证研究，发现影响我国外资溢出效应的关键要素是内外资企业的能力差距，外资溢出效应与内外资企业能力差距成反比，内外资企业能力差距越大，外资溢出效应越微弱，反之则越强。

王振中（2000）等从净增量变化的角度考察了外商直接投资对就业数量的效应，论证了 FDI 对就业量的正面影响。牛勇平（2001）研究结果表明，在国内投资效率下降或相对下降的形势下，FDI 对就业数量的增长具有不可低估的正效应；中国港澳台企业创造就业数量的效应较为显著。蔡昉、王德文（2004）认为，虽然 FDI 就业份额仍然较小，但由于其增长速度非常快，使得该领域就业对中国总体就业增长的贡献率很高。

10.2　国外文献述评

鉴于 FDI 对经济发展的重要作用，各个国家都十分重视吸引 FDI。继 MacDougall（1960）首次提出 FDI 对东道国有技术溢出效应之后，Findly（1978）研究指出，FDI 是技术转移的重要渠道。Blomstrom（1986），Haddad and Harrison（1993），Kokko（1994）等研究表明，当东道国具有一定的技术水平时，FDI 对东道国存在技术外溢效应。Balasubramanyam 等（1996）认为直接资本输入和间接知识溢出的一个重要途径是 FDI，FDI 能为东道国带来发展所需的资本、先进的技术和管理经验。东道国可以通过示范与模仿（Mensfield and Romeo，1980）、人力资本培训与流动（Goncalves，1986）、产业的前向与后向联系（Blomstrom and Lipsey，1991）等渠道获得 FDI 正向的技术溢出效应。与此同时，FDI 还可以产生跨行业技术外溢效应（Katz，1969；Kugler，2001），从而对东道国整体经济发展起到推动作用。

Hymer，Kindleberger 和 Casson（1980）研究认为，FDI 会造成市场结构的变动，因为 FDI 凭借其先进的技术和管理经验，会形成特定行业的垄断市场，从而减少竞争，最终影响市场结构。Das（1987）提出 FDI 对东道国市场结构的影响在不同的时间段内是有很大的差别的，相对于短期内 FDI 带来特定行业与市场形成垄断，在长期，FDI 会促使东道国企业不断创新与学习，提升企业竞争力，拥有与 FDI 企业相抗衡的能力，最终整个市场都会获得进步与成长。Caves（1974），Dunning（1976），Lall（1980）等的研究表明，FDI 会促使东道国资金和广告的增加与提升，同时随着 FDI 的不断增长，后续 FDI 企业进入东道国所面临的困难以及政策壁垒也会不断增加。

美国经济学家 Chenery 和 Strout（1966）提出了“两缺口模型”理论，

"两缺口模型"理论中指出发展中国家在发展过程中面临着外汇短缺与储蓄不足，这些不足严重阻碍了东道国经济的起飞，FDI 的进入能够适时地提供发展中国家所需要的资本和外汇，弥补不足，提升发展中国家的投资水平，进一步扩大国内投资规模。Nurkse（1953）在其著作《不发达国家资本形成问题》中认为，FDI 的流入能够扩大国内投资标准。Borensztein（1995）等通过研究 FDI 对经济增长的影响，发现 FDI 与国内投资总量呈正相关，国内投资总量会随着 FDI 流入量的增加而增加，且增量为 FDI 流入增加量的 1.5 ~2.3 倍。

Munden（1957）最早关注了国际贸易与外商直接投资之间的关系，认为 FDI 可以有效地替代对外贸易。Kojima（1977）认为 FDI 与贸易之间存在互补，因为投资的产生源于国际分工的不断推进和发展，投资是各个国家充分发挥各自比较优势的过程，这个过程会不断扩大国际贸易。Patre（1994）认为 FDI 会通过影响国际贸易和国际直接投资之间的关系，从而影响国际贸易的推进。Gruber 和 Mutti（1991）通过研究 1982—1988 年美国与 33 个国家之间的 FDI 和国际贸易的情况，得出结论：美国更倾向于同吸引 FDI 较多的国家进行国际贸易。Clausing（2000）利用 1977—1994 年美国对 29 个东道国的直接投资与美国出口进行了回归分析，并将来自 29 个投资国的跨国公司的经营情况与美国的进口贸易进行了回归分析，最终得出结论：FDI 与国际贸易呈正相关关系。

Coe 和 Helman（1995），Coeetal（1997），Lawrence 和 Weinstein（1999）以及 Keller（2004）通过研究得出结论：FDI 能够为东道国带来先进的技术，使国内生产者和企业从中学习到更多的知识与经验，促使他们不断提升创新能力，国内创新能力的提升则会带来国内产业升级。

10.3　FDI 对北京制造业竞争力影响的研究

李平生（1999）研究认为，FDI 对北京制造业出口贸易的增长发挥着日益重要的作用，二者的关系是正相关。孟凡臣、周文娟和马文军（2009）认为 FDI 在给北京制造业带来了竞争压力的同时，也为其树立了学习的标杆，市场竞争迫使制造业企业不断加强学习与模仿，提高生产效率，降低生产成本，改进产品质量。同时，会促使制造业企业不断创新，缩小与 FDI 企业的技术差距，从而推动了制造业的发展，提升了制造业的竞争力。姚洋（2001）利用 1995 年工业普查的数据，发现北京制造业外资的外溢效应主要是通过人员流动等途径而不是技术引进的方式起作用。经验表明，FDI 具有的竞争优势是无法脱离其人力资本而完全物化在设备和技术上的。跨国公司海外投资项目的有效运转，往往和当地人力资源的开发结合在一起。外资企业对员工的培训力度通常大于内资企业，从而造就一大批熟练工人和高级管理人才，一旦他们跳槽到当地的企业或自主创业，就会产生由于员工流动带来的技术外溢效应，从而对制造业大发展产生推动作用。严兵（2005）采用近年制造业行业的面板数据检验了 FDI 的知识外溢效应和外溢的可能途径，研究表明，FDI 对北京制造业的知识创造和管理有积极作用，示范效应和人员流动效应被视为外溢的主要渠道，而竞争效应的影响不容乐观。周燕和齐中英（2005）也确认了北京制造业技术差距较小的行业外资溢出效应显著。

10.4　可计算一般均衡模型运用的研究

可计算一般均衡模型（Computable General Equilibrium Model，CGE）最早出现于 Johansen（1960）的著作《多部门经济增长研究》。1970 年以

后，CGE 模型有了突飞猛进的发展，逐渐成为经济学家进行政策分析的重要工具，被广泛地应用于税收、国际贸易、收入分配和发展战略的研究上。20 世纪 80 年代后期，CGE 模型开始被运用到环境分析上（Forsund，F. 和 Storm，S.，1988）。此后，CGE 模型在能源环境问题上的运用越来越广泛，并积累了大量的研究成果。

高峰（1987）认为 CGE 可计算一般均衡模型框架具有很大的灵活性，它不仅适合描述现代市场经济的运转，也适合以计划与市场相结合为特征的社会主义经济。范金，严斌剑，坂本博（2009）认为作为一种有效的政策分析工具，CGE 模型已广泛应用于贸易、财税、收入分配、能源与环境等研究领域。孙蒙（2010）指出所谓的一般均衡就是将经济作为一个整体来看待，而不是人为地将其割裂成众多“不受其他市场影响”的单个商品市场。一般均衡与局部均衡的区别就在于需求函数 D_i 和供给函数 S_i 的自变量。所有商品的价格都进入商品 i 的供给和需求函数，而不仅仅是商品 i 自身的价格。一般均衡理论研究的就是具有此类性质的均衡。

综上所述，现有理论和实证研究绝大多数是针对 FDI 对经济发展单一层面影响展开的研究。但经济是包含多方面因素的，这些因素互相制约、互相影响和促进。

本书第三部分研究的重点在于运用 CGE 可计算一般均衡模型对北京制造业展开多层面系统分析，不再将各因素分隔开来进行研究。将构建制造业综合竞争力的评价指标体系，分析 FDI 对北京制造业综合竞争力的影响机制，是对关于 FDI 对产业竞争力影响研究的细化和深化，具有重要的理论和现实意义。

第 11 章

北京制造业 FDI 发展的现状及趋势

Chapter Eleven

11.1 北京制造业 FDI 的产业分布结构及特点

制造业分类。本部分综合《北京统计年鉴》中所列的 30 个制造业细分行业，根据规模以上“三资企业”各行业的产值占比情况对其进行重新组合分类如下：保留食品制造业、饮料制造业、化学原料和化学制品制造业、医药制造业、金属制品业、通用设备制造业、专用设备制造业、交通运输设备制造业、电气机械及器材制造业，计算机、通信和其他电子设备制造业、仪器仪表制造业 11 个细分行业，并将剩余制造业行业统一归入其他制造业。事实上，该种分类下的其他制造业多为传统劳动密集型行业，2013 年的总产值占比只有 10.48%，占比较小，因此分类具有合理性。

11.1.1 北京制造业整体利用 FDI 情况

如图 11－1 所示，北京制造业整体实际利用外资额在 2008 年达到阶段性高点 150056 万美元，同时制造业利用外资在北京实际利用外资总额中所占的比例亦达到高点 24.67%。此后，受全球金融危机的影响，制造业实际利用外资绝对量连续下滑，FDI 占比也大幅度下滑，截至 2011 年北京制造业实际利用外资额降至 86378 万美元，利用外资占比则降至 8.97%。2012 年和 2013 年，北京制造业实际利用外资额及占比均有所回升，但仍明显低于2008年以前的水平。

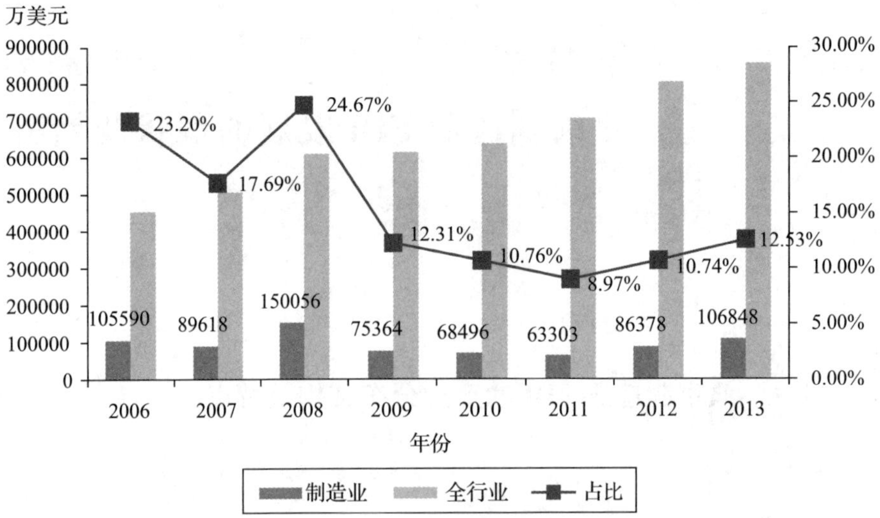

图 11-1 2006—2013 年北京制造业实际利用 FDI 情况

数据来源：根据《北京统计年鉴 2014》数据计算整理

事实上，北京制造业利用外资的不断减少除了受全球金融危机的冲击影响，北京市产业政策及产业结构的变化对 FDI 流向的改变以及对制造业所产生的资本挤压也比较显著。从图 2-1 我们可以看出，北京市实际利用 FDI 总量呈上升之势，并未像制造业一样有较大幅度的下降。这说明在北京市产业结构快速转型升级的背景下，首都制造业的转型升级同样面临着挑战和机遇。

11.1.2 北京制造业 FDI 产业分布特点

鉴于数据的可获取性，本部分使用规模以上“三资企业”各行业工业增加值和工业总产值来替代制造业各细分行业实际利用 FDI 数额来说明北京制造业 FDI 的产业分布情况。

1. 北京制造业 FDI 行业集聚特征明显

如表 11－1 所示，交通运输设备制造业和计算机、通信和其他电子设备制造业，两个细分行业 FDI 产值占比之和超过制造业 FDI 总产值的 60%。而其他行业相对较小，2013 年，除通用设备制造业占 5.06% 外，其他行业占比均低于 5%。

表 11－1　北京制造业 FDI 产业分布结构（按规模以上工业总产值）

单位：万元

细分行业	工业总产值		行业占比	
	2010 年	2013 年	2010 年	2013 年
食品制造业	1137810	1800843	2.47	2.67
饮料制造业	826965	1407384	1.79	2.08
化学原料和化学制品制造业	816305	1043839	1.77	1.54
医药制造业	1522441	2824352	3.30	4.18
金属制品业	755537	848667	1.64	1.26
通用设备制造业	2013773	3417533	4.37	5.06
专用设备制造业	1222098	1629005	2.65	2.41
交通运输设备制造业	9811434	27322610	21.28	40.44
电气机械和器材制造业	3238646	2478590	7.02	3.67
计算机、通信和其他电子设备制造业	18454588	16939243	40.02	25.07
仪器仪表制造业	992680	773741	2.15	1.15
其他制造业	5320608	7079070	11.54	10.48
合 计	46112885	67564877	100.00	100.00

数据来源：根据《北京统计年鉴 2014》数据计算整理。

2. 北京制造业 FDI 行业结构正发生较大变化

从纵向上看，2013 年较 2010 年制造业 FDI 结构发生了较大幅度的变化。其中计算机、通信和其他电子设备制造业工业总产值占比大幅下挫约15个百分点，而工业增加值占比仅下降4.2个百分点。同期，交通运输设备制造业工业总产值占比及工业增加值占比双双跃升19~20个百分点，其中以汽车制造业上升最为显著。此外，食品制造业、饮料制造业、医药制造业、通用设备制造业工业总产值占比均有所提升，而化学原料和化学制品制造业、专用设备制造业、电气机械和器材制造业、仪器仪表制造业及其他制造业占比则各有不同程度的下降。

表11－2　北京制造业FDI产业分布结构（按规模以上工业增加值）

单位：万元

细分行业	工业增加值		行业占比	
	2010年	2013年	2010年	2013年
食品制造业	303814	205230	3.59	1.45
饮料制造业	204464	372016	2.42	2.62
化学原料和化学制品制造业	302051	288451	3.57	2.03
医药制造业	690512	1217413	8.16	8.58
金属制品业	185421	205901	2.19	1.45
通用设备制造业	494692	824904	5.85	5.82
专用设备制造业	333985	387508	3.95	2.73
交通运输设备制造业	2058650	6256459	24.34	44.12
电气机械和器材制造业	753598	637427	8.91	4.49
计算机、通信和其他电子设备制造业	1418108	1779093	16.77	12.55
仪器仪表制造业	292953	182521	3.46	1.29
其他制造业	1420025	1824531	16.79	12.87
合计	8458272	14181452	100.00	100.00

数据来源：根据《北京统计年鉴2014》数据计算整理。

11.2　北京制造业 FDI 的趋势

11.2.1　北京制造业 FDI 总量呈上升趋势

2013 年，北京市制造业实际利用外资 106848 万美元，同比增长 23.7%。北京制造业规模以上“三资企业”工业总产值达 6756.5 亿元，较 2010 年上涨 46.5%，年均复合增速为 13.6%；同时，规模以上“三资企业”工业增加值达 1418.15 亿元，最近 3 年年均复合增速为 18.8%。规模增长的同时，产出效率也不断上升，可见北京制造业 FDI 发展趋势良好。

11.2.2　北京制造业 FDI 产出效率不断提升

2013 年，北京制造业全行业“三资企业”产出效率[①]为 0.266，整体呈上升趋势，表明北京制造业 FDI 的资本效率及产品附加值有所提升。

从细分行业来看，饮料制造业、交通运输设备制造业、电气机械和器材制造业、计算机、通信和其他电子设备制造业等行业的资本产出效率有所上升并带动整个制造业 FDI 产出效率的提高。

其中，计算机、通信和其他电子设备制造业的产出效率提升最为明显，但该行业产出效率初值较低，是 11 个细分行业中最低的，这也是其产出份额逐年减少的原因之一；饮料制造业、交通运输设备制造业、电气机械和器材制造业三个行业产出效率相对较高且呈上升走势，发展势头良好。此外，2013 年，医药制造业的产出效率为 0.758，虽然较 2010 年有所下降，但在所有细分行业中仍位列首位。

---

① 产出效率 = 工业增加值/（工业总产值 - 工业增加值），产出效率越高代表产品附加值越高或资本效率越高。

表 11－3　北京制造业 FDI 产出效率

细分行业	2010 年	2013 年
食品制造业	0. 364	0. 129
饮料制造业	0. 328	0. 359
化学原料和化学制品制造业	0. 587	0. 382
医药制造业	0. 830	0. 758
金属制品业	0. 325	0. 320
通用设备制造业	0. 326	0. 318
专用设备制造业	0. 376	0. 312
交通运输设备制造业	0. 266	0. 297
电气机械和器材制造业	0. 303	0. 346
计算机、通信和其他电子设备制造业	0. 083	0. 117
仪器仪表制造业	0. 419	0. 309
其他制造业	0. 364	0. 347
制造业（平均）	0. 225	0. 266

数据来源：根据《北京统计年鉴 2014》数据计算整理。

11. 2. 3　FDI 持续流入高资本产出效率行业，推动北京制造业 FDI 产业结构不断优化

结合细分行业资本产出效率和 FDI 流向可以看出，北京市制造业 FDI 正逐渐从低产出效率行业向汽车制造业、医药制造业等高产出效率行业转移，FDI 产业结构不断调整优化，提升了整个行业的产出效率。同时，低端的传统制造业及低附加值产业的 FDI 份额逐渐下降，对 FDI 的吸引力也越来越低。

11. 3　北京制造业 FDI 的诱因和条件

北京制造业 FDI 的诱因和条件众多，除制度因素外，非制度因素主要有市场规模及集聚经济、北京卓越的地理位置、发达的制造业基础、全国

科技创新中心和发达的现代服务业如现代物流业和现代金融业等。这些使北京制造业在吸引 FDI 方面具有多数内陆城市无法比拟的优势。

11.3.1　市场规模和集聚经济

北京市经济发展在全国各省市中名列前茅，起步早，发展水平高，尤其是制造业。作为北方的经济中心之一，北京具有深厚的经济基础。在 FDI 进入之前，各行业基本形成了一定的市场规模，并有较大的规模经济效应和产业集聚效应，进而吸引 FDI 的进入。

11.3.2　卓越的区位环境

北京作为我国的首都，是政治、文化、科技、信息中心和对外交往的中心，是国家经济宏观决策和调控部门集中所在，在国内无可取代的区位优势是其吸引 FDI 流入的又一大诱因。作为首都，北京为 FDI 发展提供了稳定的政治环境和相对完善的法制环境。同时，北京作为全国交通枢纽的核心，交通四通八达，区位优势显著。

11.3.3　科技创新中心

北京作为我国的科技创新中心，是国内科技创新的引领者，其发达的信息技术和科技创新能力，吸引着国内外大型企业总部或研发中心进驻。随着北京科技创新中心定位的深入落实，北京的总部经济将更具有吸引力。

11.3.4　高度发达的现代服务业

发达的现代服务业是“三资”企业利润汇回和货物贸易的必备条件。北京发达的现代金融业有利于资本流动和结算，完善的物流体系有助于人及货物的流转。

11.3.5 建设中的国际化大都市

北京是我国的文化中心、科技教育中心，拥有丰富的人力资源，同时常住国外人口20万以上，年均临时国外人口300万，汇聚了世界各国的文化和人才，这对于外资企业的进驻以及外国人才来京工作都具有较大的吸引力。

11.4 本章小结

本章分析了北京制造业FDI的趋势，产业分布结构和特点，以及北京制造业FDI的诱因和条件。分析结果表明：北京制造业FDI行业集聚特征明显，行业结构正发生较大变化。北京市制造业FDI正逐渐从低产出效率行业向汽车制造业、医药制造业等高产出效率行业转移。FDI持续流入高资本产出效率行业，推动着北京制造业FDI产业结构不断优化。计算机、通信和其他电子设备制造业的产出效率提升最为明显。饮料制造业、交通运输设备制造业、电气机械和器材制造业、计算机、通信和其他电子设备制造业等行业的资本产出效率的上升带动了整个制造业FDI产出效率提高。北京拥有卓越的区位环境，科技创新中心高度发达，其发达的现代金融业有利于资本流动和结算，完善的物流体系也有助于人和货物的流转。北京高度发达的现代服务业将为外资企业利润汇回和进行货物贸易提供充分的保障。

第 12 章

FDI 对北京制造业综合竞争力的影响：基于 CGE 模型的分析

Chapter Twelve

12.1 FDI 对北京制造业影响的主要方面

12.1.1 引进先进技术，促进技术进步

改革开放以来，中国关于引进 FDI 的主导思想主要有两点：一是引进国外的资金，促进国内资本形成，即通常所说的弥补“储蓄缺口”和“外汇缺口”；二是引进国外先进技术和管理经验，促进中国的技术进步。北京在引进 FDI 时，也遵循了这两个主导思想。20 世纪 80 年代，北京的 FDI 主要是以港、澳、台中小投资者为主，当时的投资，即使是美国、日本、欧盟等国家和地区企业在北京的投资，大都也是以中小型项目为主的，总体来看，这些企业的技术水平并不比我国企业的平均水平高。20 世纪 80 年代末期，技术先进企业的投资额在 FDI 总额中的比例逐步上升。但是，总体技术水平不高是这一时期 FDI 在北京乃至在华投资的主要特点之一。

20 世纪 90 年代中期之后，随着大型跨国公司在北京投资的增加，FDI 企业的技术水平明显提高。投资企业从以中小型企业为主向以大型跨国公司为主转变，FDI 企业的技术水平明显提高，这也使得 FDI 促进北京技术进步的作用日益明显。

从跨国公司在北京的投资实践来看，几乎所有的跨国投资都与某种形式的技术转移联系在一起，并通过以下途径推动着北京制造业的技术进步。

1. 引进技术含量较高的资本货物和加工工艺，并高效率地使用这些资本货物和工艺，提升了北京制造业的技术水平。北京的外商投资企业在投资项目下的资本货物进口，其中大部分是先进的加工设备。

2. 引进新产品，使符合需求的高技术含量和高附加值产品在制造业产出中的比重增加。例如，北京制造业中的汽车工业中轿车比例的上升，FDI 就做出了突出的贡献。

3. 引进研发能力。过去几年，外资在中国受到的主要批评之一，是其在中国投资形成了较大规模的制造能力，却并未将技术开发能力带入中国。这种现象随着外资进入中国战略的变化有了明显改变。FDI 企业在北京建立的研发机构增加较快，研发速度不断上规模、上水平。

4. 引进能够高效率使用先进技术的管理能力。北京在引进先进技术的同时，也引进了能够高效使用这些先进技术的管理能力。这些先进管理技术不仅使引进的先进技术能够高效率地使用，也向北京制造业的其他企业提供了“眼见为实”的学习机会，这些企业能够了解先进的管理技术如何为企业提供改进效率的途径。

12.1.2 FDI 对北京制造业转型升级的影响

FDI 的变化会直接影响北京制造业生产要素的变化，如 FDI 的增加会带来北京制造业不同行业的资本增加，技术提升等。这都会在一定程度上改变北京制造业的投资结构，进而推动北京制造业结构的优化升级。而北京制造业通过结构优化升级，会进一步吸引更多的 FDI，循环往复，形成良性循环，使北京制造业 FDI 的整体水平达到一个更高的层次与水平，具体表现在以下几方面：

1. 技术进步效应。FDI 为北京制造业带来投资母国的先进技术，作为第一生产力的科学技术的引进，能够提高东道国企业和产业的技术水平。

2. 积极示范效应。跨国公司不仅拥有一流的生产技术和设备，而且多采用世界先进的经营管理模式和方法，对东道国企业会产生积极的示范效应，有利于促进东道国传统产业部门的改造和新兴产业部门的兴起。

3. 竞争促进效应。当跨国公司进入东道国存在较强垄断的行业时，当地企业迫于外来竞争的压力，必须加快自主创新，提高自身的技术水平，这必然会提高产业的资源配置效率，从而有利于产业结构的优化升级。北京汽车产业面对外来竞争不断增强自身的国际竞争力就是很好的例证。

4. 配套产业升级效应。近年来，跨国公司对外投资越来越倾向于与东道国企业的垂直联系，技术标准较高的跨国公司向东道国企业购买零部件和原材料时，都会对配套产品的质量、技术和性能提出技术标准，甚至会提供技术合作和帮助，这样通过当地配套，跨国公司的相关技术能力会转移到东道国企业，必然会加快纵向的配套产业升级。

FDI 对北京制造业结构升级的促进作用比较明显，制造业是北京吸收 FDI 比较多的领域。许多学者的实证分析研究结果也表明，改革开放以来，北京制造业结构的升级是与 FDI 的扩大相伴随的过程。但是随着国内制造业的不断发展，FDI 对北京制造业结构升级的贡献开始出现减弱的趋势，利用外资从数量规模型向质量效益型转变将是持续发挥其正向产业升级溢出效应的根本保证。

12.1.3　FDI 对北京制造业市场结构的影响

FDI 企业进入北京以后，在与北京制造业市场上已有的厂商进行竞争的过程中通过各种市场竞争行为如扩大生产规模、进行广告宣传、提高技术水平、降低生产成本等，提高自身在北京制造业市场的竞争力。与此同时，外商投资企业为巩固在北京制造业的市场地位，会不断提高北京制造业产业市场的经济性进入壁垒，以阻止潜在进入者进入。这种对北京制造业市场壁垒的重构行为，一方面会改善北京原来低效的产业组织结构如导致北京制造业产业集中度提高；另一方面会使潜在进入厂商的空间大大缩小，对北京制造业产业未来的发展不利。

从这些年外商投资企业在北京的实践来看，FDI 对北京制造业的市场结构影响表现在以下 3 个方面：

1. 提高了相关产业的市场集中度

由于国内企业与外商投资企业的实力有较大的差距，再加上外资政策和产业政策对外资企业比较有利，又进一步降低了外资企业的进入成本，使得外资企业的产量及市场份额在北京市场上占据优势，从而引起北京制造业市场集中度的提高。如在微电子、轿车、制药、工程机械等行业排前 10 的大企业中，跨国公司在华投资企业占据了 2/3 以上的席位，导致这些行业的市场集中度出现了上升趋势。以轿车行业为例，长期以来困扰轿车工业发展最突出的问题之一就是生产分散、产业集中度低、规模不经济。随着大众、通用、本田等跨国公司进入轿车市场，轿车的市场结构发生了较大变化，其中一个重要变化就是轿车行业的市场集中度得到了提高。由于外商投资企业具有规模经济，比北京现有的制造业企业规模大，提高了相关行业的最小经济规模，导致制造业部分行业较小规模的企业被挤出，从而提高了这些行业的市场集中度。

2. 重新构筑了相关产业的市场进入壁垒

为了巩固外商投资企业在北京制造业的市场主导地位，防止潜在厂商进入相关行业，外商投资企业在以下几方面提高了壁垒。

外商投资企业成功进入市场之后，一方面利用其生产技术上的优势与中国低廉的劳动力和巨大的消费市场等区位优势相结合，使其生产成本得以降低。这样，在北京制造业市场上，同样的产品，外资企业的成本更低，这就将部分潜在的竞争企业拒之门外。另一方面，外商投资企业利用其全球一体化生产模式提高成本进入壁垒。在全球一体化生产过程中，跨国公司利用其在国外掌握的某些关键性资源，通过跨国公司的内部分工，使其产品具有成本优势，而北京现有的企业一体化程度较低，在这方面并没有优势，未来要进入这些产业将困难重重。

外商投资企业进入市场通过开展研发活动，提高产品技术含量，不断进行产品创新，推出适合中国市场的新产品，巩固在市场上的地位。1994—1999 年，就有 15 家跨国公司在北京设立了 18 个研发机构，总投资突破了 2 亿美元。2000 年以后，跨国公司在北京掀起了研发投资的高潮。先后有微软、宝洁、杜邦、诺基亚等跨国公司在北京建立了研发中心。如此大规模的研发活动投资进一步加强了外商投资企业的技术优势，提高了产品差异化壁垒。其次，在品牌运作方面，外商直接投资更是投入了巨额费用，构筑了更高的产品差异化壁垒，通过使用同类产品间多品牌相互交织的产品扩散战略，充分发挥品牌之间的协同保护功能，使潜在进入者难以获得获利空间，以此占据最大的市场份额。

3. 在部分行业形成市场主导的格局

随着北京引进外商投资规模的不断扩大，外商投资企业的销售额已在北京国民经济的一些部门占压倒优势，在一些产业甚至是具有战略意义的重要产业，外商投资企业的市场主导地位已经形成。

在电子通信制造业、设备制造业、塑料制造业、食品加工制造业、电气机械及器材、橡胶制品业、医药制造业等行业，外商投资企业的产品销售收入占该行业销售收入的比重已经超过了 30%[①]。

FDI 进入北京制造业市场后，对北京相关产业的市场结构影响是双重

---

① 牛南浩．中国利用外资的经济效果分析．[J]．经济研究，1998（5）：22－29．

的：一方面，提高了制造业的市场集中度，使产业分散、集中度较低的市场结构得以改善；另一方面，外商投资企业对制造业的市场进入壁垒进行了重构，构筑了更高的产业进入壁垒，对北京企业未来的发展不利。

12.1.4 促进资本形成，改善资产质量

北京实行对外开放政策之后的较长时期内，利用 FDI 最直接的目的，就是将其视为一种补充性的资金来源，以此来缓解当时经济建设中的资本短缺状况，为外资提供投资机会，同时也促进了北京制造业的资本形成。

随着北京经济的迅速发展，制造业大部分行业生产能力逐步出现过剩，且过剩范围不断扩大，程度不断加深。同时因为储蓄能力的增强，北京制造业资金总量缺口已经不复存在。此时，利用外商直接投资对资本最重要的作用就是改善资本质量，包括存量资产和增量资产质量的改善两个方面。因为提高资产质量所需要的创造性资源如人力资本、技术水平、技术开发与使用能力、国际市场开拓能力、管理能力、对客户需求的理解能力等，都会随着跨国投资一同进入北京的制造业。

利用外资改善北京制造业资本质量的积极作用，主要表现在以下三个方面：

首先，外商投资设立新的企业，可以形成高质量的资本增量；其次，外商直接投资企业通过与北京制造业相关产业的合资行为，可以将北京已有的低质量资产变成高质量资产；最后，促进北京制造业关联产业改善资产质量。

12.1.5 FDI 对北京制造业国际贸易的影响

根据小岛清的理论，当外资投资东道国的比较优势产业时，会产生贸易创造效应。外商直接投资企业充分利用了北京廉价劳动力、相对完

善的基础设施以及广阔的国内市场，并与自身的资本、先进技术和管理相结合，从而在国际市场上获得竞争优势，并进一步拉动了北京制造业的出口。此外，外商直接投资的进入，本身也会带来一些重要资本品的进口，而且随着国际产业的转移，尤其是一些跨国公司在北京垂直型投资的发展，以及跨国公司在北京建立的与北京制造业产品相关联的子公司，并在总公司与子公司之间形成专业化分工合作，也会促进东道国进口的增加。

北京的外商投资企业进出口、出口、进口随着北京制造业进出口、出口以及进口的增长而增长，而且外商直接投资企业国际贸易总额占北京制造业国际贸易总额的比重总体上呈现上升趋势。

外商投资企业进出口、出口、进口占北京制造业进出口、出口、进口的比重总体上呈逐年上升趋势，外商投资企业的进出口对北京制造业进出口的促进作用已经超过了国有企业。由此可见，外商投资企业的进出口贸易已经成为北京制造业进出口贸易的重要组成部分，且对北京制造业进出口贸易的促进作用逐渐增强。

12.1.6　外商直接投资对北京制造业就业影响

中国是典型的劳动力过剩经济，且大量的剩余劳动力沉淀于农村。加快发展制造业，扩大非农产业对剩余劳动力的吸纳能力，是解决劳动力过剩的根本途径，也是保持北京经济长期持续稳定增长和社会稳定的核心问题之一。外商直接投资和外商投资企业就业总人数的变动方向是一致的，外商直接投资与外资企业就业总人数存在明显的相关关系。目前外商直接投资的方式有 4 种：合资经营、合作经营、外资独资经营、合作开发，其中合资经营、合作经营、合作开发这三种方式的外商直接投资不仅能自身促进就业，还能带动制造业其他产业投资吸纳劳动力，所以就业效果要高于外资独资经营方式。

从近几年的发展趋势来看，外商直接投资日益趋向于独资经营，因此FDI对于就业的影响力有减弱的趋势。FDI逐渐趋于优化，对邮电通信、电子机械等高新技术产业投资比重相对提高，对北京制造业内生产力相对过剩、竞争激烈的纺织等劳动力密集型产业投资趋于下降，而劳动力密集型行业吸纳的劳动力要多于资本、技术密集型行业，所以从外商直接投资的行业结构的变化来看，未来外商直接投资的就业效应会逐步下降。

12.2 FDI对北京制造业竞争力影响的分析方法论

现有的计量分析方法除CGE以外，还有局部均衡模型、投入产出模型、线性规划模型、宏观经济计量模型、向量自回归模型这些计量方法被广泛应用于经济系统的定量分析。接下来对主要的四种计量方法进行简要的介绍。

12.2.1 当前竞争力分析主要采用的计量方法

局部均衡模型是由马歇尔创立的。该模型假定市场某些变量固定，在这个条件下考察单个市场或者部分市场的供求与价格之间的关系或均衡状态。这个模型将消费者收入对商品需求量的影响降到了最低，进而弱化价格之间的相互影响，消除了替代效应，为研究市场均衡提供了便利。

投入产出模型是一种基于线性代数工具的数学模型，主要是通过投入产出表，分析国民经济各部门之间投入产出的关系，再生产各环节之间的内在联系，并据此规划各部门的需求与投入，调整国民经济各部门的产品结构，使得各部门之间的投入与产出更协调。

宏观计量模型形成于20世纪40年代，该模型以概率论作为方法论基础，以已有的经济理论和经济行为作为研究的理论基础，从而对提出的经济行为和规律做出合理解释，适用于短期和中期经济政策分析。

向量自回归模型充分考虑统计数据的性质，在此基础上构建模型并进行推广，从而构建多元时间序列变量组成的向量自回归 VAR 模型。向量自回归 VAR 模型可操作性强，在一定的条件下，多元 MA 和 ARMA 模型也可以转化成 VAR 模型。

12.2.2　CGE 模型的优势

CGE 模型自 1960 年由约翰森提出之后，历经 50 多年的发展，现已被广泛用于经济分析。相较于前面提到的几种计量方法，CGE 模型凭借自身特点有着独特的优势。

首先，CGE 模型将经济体系中的所有经济主体、市场都纳入了一个统一的分析框架中，强调各个主体、变量之间的相互作用与影响。同时，CGE 模型的冲击实验可以充分反映政策冲击的综合影响，相较于局部均衡模型中的“其他变量保持不变的”的假设，CGE 更贴近真实的经济情况。

其次，CGE 模型充分考虑了现实经济中价格的重要作用，能够体现生产要素之间存在的替代关系，引入经济主体的决策，将现实经济中的各个部分有机结合起来。相较于投入产出模型主要通过投入产出研究国民经济各部门的关系，CGE 模型能够更客观真实地反映经济系统。

再次，在经济分析中，鉴于 CGE 模型牢固的分析基础，对因果关系与行为机制的恰当把握，对宏微观经济结构与经济变量的清晰构建，CGE 模型的适应性较宏观计量模型更强。

最后，历经 50 多年的发展，CGE 模型已经具备深厚的理论基础和多样的辅助性计量工具，已经逐步由理论模型转变为了机理模型，是发展成熟的模型。相较之下，向量自回归则属于经验模式，即理论基础较为薄弱，是由数据分析走向理论结果，进而解释社会现象。

12.2.3 本部分研究所采用的 CGE 模型

基于前面对几种主要计量方法的分析以及将 CGE 模型与其进行比较，本部分将构建 FDI 对北京制造业竞争力影响的 CGE 评估模型并进行政策模拟冲击实验。

CGE 模型以一般均衡理论为构建基础，考虑具有行为最优化的所有经济主体之间的联系，通过建立数值模拟模型从而为现实经济系统提供可行的政策建议。本研究所用 CGE 模型为一地区多部门比较静态模型，便于对北京制造业整体均衡以及各部门之间的关系进行一个中期的研究与模拟。

CGE 模型的内容发展至今，已经十分成熟与丰富。根据不同的原则，CGE 模型具有不同的分类。

CGE 模型基于一般均衡理论要达到所有经济主体都均衡的最优状态，但是所有研究都表明，在一个非开放的经济系统模型中，如果投资水平和政府支出水平这两个参数固定，充分就业和利润最大化就不可能实现，因此必须破坏原有模型的一个均衡条件才能得到整个均衡模型的最优解，这个均衡条件的选择依据即为闭合法则，不同的闭合法则会产生不同的计算结果。本部分的研究采用新古典闭合模型，即按照新古典闭合法则进行计算。

CGE 模型会采用一组方程来表示经济关系，并且在一系列优化条件约束下进行求解，通过最优解来显示目前经济活动中各经济主体之间的关系与影响。CGE 模型由不同的模块组成，组成模块会随研究对象的不同而变动。本研究的 CGE 模型由 5 个模块组成，即生产模块、国际贸易模块、收入和需求模块、价格模块和市场均衡模块。

社会核算矩阵（SAM）是 CGE 模型的计算基础。SAM 矩阵是一个记录数据的方阵，数据量较大，数据选择灵活，规模和结构也可以因研究对象的不同而进行简化或是细分。本研究选择的 SAM 矩阵是经典的社会核算矩阵，采用从上至下的方法进行编制。一般情况下，SAM 矩阵调平方法有

CE、最小二乘法、Ston-Byron 和 RAS，鉴于本部分的研究更侧重于 SAM 矩阵的系数结构，因此，采用 CE 法进行调整，运用的主要计量软件有 GMAS，LINGO9.0，SAS。

下面的研究将遵循经济指标确立—CGE 模型构建—模型数据基础—输入变量结果这一顺序展开，具体研究过程如图 10－1 所示，向右箭头表示方法建立过程，向左箭头表示使用 CGE 模型解决 FDI 影响北京制造业竞争力的过程。

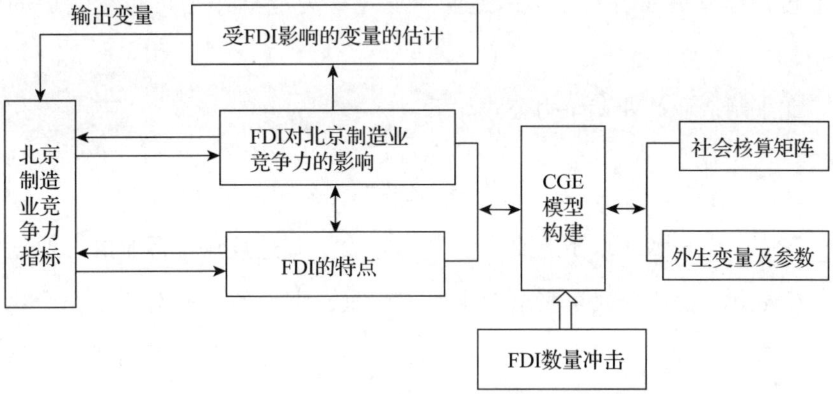

图 12－1　FDI 对北京制造业竞争力影响的模型方法路线

12.3　FDI 对北京制造业综合竞争力影响的评估模型的构建

12.3.1　模型经济指标构建与变量说明[①]

1. 模型经济指标构建

CGE 模型研究 FDI 对北京制造业竞争力的影响时，要先确立能够反映

① 高伟凯在其所著的《外资并购与中国经济福利》一书中，选用产业竞争力作为福利可持续能力的评价指标，利用 CGE 模型分析外资并购对中国经济福利的影响。本书中 CGE 模型与变量定义借鉴高伟凯（2010）的方法。

北京制造业竞争力的具有可比较性的经济指标，这些经济指标的选择一方面应充分考虑当下北京制造业发展的现实状况，另一方面必须考虑到北京制造业的可持续发展。

就现实状况而言，FDI 对北京制造业行业竞争力的影响主要体现在技术进步、国际贸易、资本、市场结构以及北京制造业的转型升级这几个方面，因此本研究在模型设计上要以这些经济变量的输出为主要目的，即当 FDI 发生变动时，CGE 模型中这些变量的变化程度如何。就北京制造业可持续发展而言，北京制造业产业竞争力能够作为可持续发展的经济指标。

北京制造业产业竞争力公式如下：

$$G = \sum_{j=1}^{j=8} G_j c_j$$

其中，G 表示北京制造业竞争力，G_j 表示制造业中 j 行业的产业竞争力，C_j 表示 j 行业在北京制造业中所占权重，由于各行业对北京制造业竞争力的影响不同，所以对不同行业赋予不同的权重，对北京制造业贡献较大的行业所占权重也较大。

本研究将北京制造业产业竞争力分为 5 个方面，即国际市场竞争力、增长竞争力、要素竞争力、产业控制力和技术竞争力，公式如下：

$$G_j = \beta_1 M_j + \beta_2 Z_j + \beta_3 W_j + \beta_4 K_j + \beta_5 T_j$$

其中，M_j 表示 j 行业的国际市场竞争力，即 j 行业净出口占总出口的比例；Z_j 表示行业增长竞争力，即 j 行业产出增长量与基期产出量的比值；W_j 表示 j 行业要素竞争力，即熟练劳动增长量与基期劳动量的比值；K_j 表示 j 行业产业控制力，即本地资本比例增长率与本地资本比例的比值；T_j 表示 j 行业技术竞争力，用 j 行业的技术参数的增长率表示。各行业权重系数直接由专家调查法得出，如表 3－1 所示；各竞争力指标权重根据 2012 年的基础数据，用 SPSS 软件计算得出，如表 3－2 所示。

表 12－1　各行业权重参数估计结果

行业 j	1	2	3	4	5	6	7	8
C_j	1.34	2.05	0.30	0.53	1.00	0.92	0.84	1.09

数据来源：根据专家调查法得出。

表 12－2　竞争力指标权重

指标	1	2	3	4	5
β_j	0.18	0.19	0.2	0.21	0.22

数据来源：SPSS 软件计算结果总结。

2. 模型变量说明

CGE 模型中涉及变量与数据庞杂，将模型中的变量及其含义总结如表 12－3 和表 12－4 所示。表 12－3 为内生变量，表 12－4 为模型涉及的所有外生变量。

表 12－3　内生变量总结

变量名	变量含义
Y_j	J 行业产品产出
$XAP_{i,j}$	J 行业使用的 i 行业的产品作为中间投入量
XV_j	J 行业的劳动资本合成
P_j	J 行业产品的生产者价格
PP_j	J 行业含生产税价格
PA_j	i 行业产品的价格
PXV_j	J 行业劳动资本的合成价格
K_j	J 行业的资本要素投入量
R_j	J 行业资本收益率
L_j	J 行业合成劳动力投入量
W_j	J 行业劳动的合成工资

续表

变量名	变量含义
$L_{s,j}$	J 行业熟练劳动力投入量
$W_{s,j}$	J 行业熟练劳动力工资
$L_{f,j}$	J 行业非熟练劳动力投入量
$W_{f,j}$	J 行业非熟练劳动力工资
XD_j	J 行业产品用于国内的数量
XX_j	J 行业产品用于出口的数量
PD_j	J 行业的国内销售价格
PX_j	J 行业的未关税出口价格
XM_j	北京对 j 产品的进口需求
XA_j	Armington 合成商品
PM_j	进口 j 产品的含税价
YH	居民总收入
YD	居民可支配收入
YG	政府收入
YE	企业利润
XAC_j	居民对 j 种商品的消费数量
XAG_j	政府对产品 j 的消费需求
XI_j	对 j 部门的总投资
XID_j	对 j 部门的国内投资
XIF_j	对 j 部门的国外投资
SS	社会总储蓄
SF	国外净储蓄
XI	总投资
BP	外资汇回北京的利润

表 12-4　外生变量总结

变量名	变量含义
$MC_{j,k}$	第 j 行业 k 企业的边际成本
$\overline{PMW_j}$	J 商品的进口商品的世界价格
Er	外币兑换人民币汇率
$\overline{TRGV}$	政府对居民的转移支付
$\overline{TRGE}$	政府对企业的转移支付
$\overline{XG}$	政府消费总额
$\overline{NGF}$	政府对国外部门的转移净支付额
$\overline{MAK_j}$	FDI 发生时对固定资本的投入
fh	国外对居民的净报酬
CR_n	行业的集中度
K_d	国内资本投入
K_f	国外资本投入
$\overline{L}$	劳动力总量

12.3.2　模型结构

本研究建立的 CGE 模型由 5 个不同模块组成，即生产模块、国际贸易模块、收入和需求模块、价格模块和市场均衡模块。

在该 CGE 模型生产模块中，首先，假定中间投入与要素需求已知，根据成本最小化原则生产者选择要素。其次，北京制造业产品与国外产品不完全替代，劳动与资本不完全替代。

生产模块：

生产函数：　$XAP_{i,j} = \alpha_{i,j} Y_j$；$XV_j = \alpha_{kl,j} Y_j$

$$XV_j = A_{kl,j}\left[\delta_{kl,j}(K_j + \overline{MAK_j})^{-\rho_{kl,j}} + (1-\delta_{kl,j})L_j^{-\rho_{kl,j}}\right]^{-\frac{V_{kl,j}}{\rho_{kl,j}}}$$

劳动力报酬函数：

$$L_j = L_{f,j} + L_{s,j}$$

$$W_J \times L_j = W_{s,j}L_{s,j} + W_{f,j}L_{f,j}$$

国际贸易在北京制造业发展中起着重要作用，因此，国际贸易模块在整个 CGE 模型中占据着重要地位。在本模型中，假定商品在国外的价格不受国内价格的影响，并且国内外的商品是不完全替代的。

国际贸易模块：

产品产出函数：$Y_j = B_j[\gamma_j XD_j^{-\sigma_j} + (1-\gamma_j)\ XX_j^{-\sigma_j}]^{-\frac{1}{\sigma_j}}$

产品需求函数：$XA_j = c_j[\lambda_j XD_j^{-\theta_j} + (1-\lambda_j)\ XM_j^{-\theta_j}]^{-\frac{1}{\theta_j}}$

收入需求模块：

居民收入函数：$YH = \sum_j W_{s,j}L_{s,j} + W_{f,j}L_{f,j} + \beta(1-te)[\sum_j R_j(K_j + \overline{MAK_j}] + fh$

居民可支配收入函数：$YD = (1-th)YH + \overline{TRGV}$

企业收入函数：$YE = (1-\beta_1)[\sum_j R_j(K_j + \overline{MAK_j}]$

政府收入函数：$YG = th \times YH + te \times YE + \sum_j gs + \sum_j ts_j \times P_j \times Y_j$

关税方程函数：$gs = mt_j/(1+mt_j) \times PM_j \times XM_j$

居民消费需求函数：$XAC_j = \beta_j YD$

政府消费需求函数：$XAG_j = \alpha_j^g \overline{XG}$

企业固定资产投资函数：$XI_j = \alpha_j^i XI$

价格模块：

总储蓄函数：

$$SS = mpsh \times YD + (1-\beta)(1-te)YE + \overline{TRGE} - BP + YG - \overline{XG} - \overline{TRGV} - \overline{NGF} + SF$$

投资函数：$XID_j = d \times R_j \times K_j$

外国直接投资函数：$XIF_j = f \times R_j \times (K_j + \overline{MAK_j}) \times \left[1 - bp \times \frac{kd + kf}{kf}\right]$

各部门总投资函数：$XI_j = XIF_j + XID_j$

外资汇回利润函数：$BP = bp \times [(1 - te)YE + trge]$

模型中的均衡包括产品市场均衡、要素市场均衡、政府收支均衡、国际收支均衡以及投资与储蓄均衡。这五种均衡中，产品市场上产品总供给等于产品总需求时达到均衡，要素市场上要素总供给等于要素总需求时达到均衡，政府收支均衡在这里是广义的均衡，即允许政府收支出现赤字现象，进出口相等时国际收支均衡，总投资与总储蓄相等时，投资储蓄达到均衡。

市场均衡模块：

产品市场均衡函数：$XA_j = \sum_i XAP_{i,j} + XAC_j + XAG_j + XI_j$

要素市场均衡函数：$\sum_j K_j = K_d + K_f$

投资储蓄均衡函数：$SS = XI$

国际收支均衡函数：$\sum_j PX_j \times XX_j + SF - fh = \sum_j \overline{PMW_j} \times XM_j + BP \times er + \overline{NGF}$

12.3.3　模型数据

任何一个模型都必须有输入才能够得到最终的输出，CGE 模型也不例外，这些输入数据即为 CGE 模型的数据基础，主要有反映模型所有变量值的社会核算矩阵（SAM），所有参数值。

1. 参数数据

制造业包含 30 个行业，数据庞大且复杂，为了能够真实地反映 FDI 对北京制造业竞争力的影响，根据 FDI 影响程度以及对北京制造业竞争力的贡献，我们将所研究的北京制造业划分为 8 个部分，如表 12－5 所示。

表 12－5　研究制造业行业划分及编号

行业编号	行业名称
1	金属制品业
2	通用设备制造业
3	专用设备制造业
4	交通运输设备制造业
5	电气机械及器材制造业
6	通信设备、计算机及其他电子设备制造业
7	仪器仪表及文化办公用机械制造业
8	其他制造业

根据公式　$\ln Q = \beta_0 + \beta_1 \ln X + \beta_2 \ln Y + \beta_3 \left(\ln \frac{x}{y} \right)^2$

$$\rho = -\frac{\beta_1 + \beta_2}{\beta_1 \beta_2}$$

$$V = \beta_1 + \beta_2$$

其中，Q 为行业增加值，X 为劳动力投入，Y 为固定资产投入量，计算得出弹性参数与规模参数，如表 3－6 和表 3－7 所示。

表 12－6　资本劳动力 CES 合成弹性参数总结

行业号	1	2	3	4	5	6	7	8
$\rho_{kl,j}$	-0.45	-0.66	-0.45	-0.73	-0.83	-0.18	-0.85	-0.51

数据来源：根据 SAS 软件计算结果总结。

表 12－7　资本劳动力 CES 合成规模参数总结

行业号	1	2	3	4	5	6	7	8
$V_{kl,j}$	1.02	0.97	0.96	1.03	1.09	1.05	1.03	1

数据来源：根据 SAS 软件计算结果总结。

根据 CET 函数计算得出 CET 弹性和 Armington 弹性数值，如表 3 - 8 所示。

表 12 - 8　CET 弹性和 Armington 弹性数值总结

行业号	CET 弹性值	θ_j	Armington 弹性值	σ_j
1	4.57	1.21	3.78	-0.72
2	4.57	1.21	3.78	-0.72
3	4.57	1.21	3.78	-0.72
4	4.57	1.21	3.78	-0.72
5	4.57	1.21	3.78	-0.72
6	4.57	1.21	3.78	-0.72
7	4.57	1.21	3.78	-0.72
8	4.57	1.21	3.78	-0.72

数据来源：根据 Zhai et al.（2005）估计参数总结。

2. SAM 矩阵

本研究采取从上至下的方法编制社会核算矩阵，首先根据 CGE 模型需要，SAM 矩阵账户确定为如下 9 个：商品、活动、劳动力、资本、居民、企业、政府、国外以及资本。经整理，2012 年北京经济宏观 SAM 表如表 12 - 9 所示。

原始的社会核算矩阵并没有实现平衡，对该 SAM 使用 CE 方法进行调平，调平后的 SAM 矩阵如表 12 - 10 所示。

表 12－9　北京 2012 年宏观 SAM 框架（原始未调平表）

单位：亿元

	商品	活动	劳动力	资本	居民	企业	政府	国外	资本账户	汇总
商品		27491. 20			7014. 68		1997. 12	4339. 26	5679. 77	46522. 03
活动	44978. 37									44978. 37
劳动力		8972. 45								8972. 45
资本		3560. 83								3560. 83
居民			8972. 45	164. 69		790. 26	493. 44	155. 10		10575. 93
企业				3386. 54			178. 95			3565. 49
政府	101. 07	2458. 20			754. 80	442. 42				3756. 48
国外	3938. 17					174. 23	0. 88		377. 84	4491. 12
资本账户					2806. 45	2158. 58	1091. 20			6056. 24
	49017. 61	42482. 68	8972. 45	3551. 23	10575. 93	3565. 49	3761. 58	4494. 36	6057. 61	

表 12－10　北京 2012 年宏观 SAM 矩阵（调平矩阵）

单位：亿元

	商品	活动	劳动力	资本	居民	企业	政府	国外	资本账户	汇总
商品		28681.00			7040.07		2004.1	4339.3	5681.29	47745.88
活动	43705.54									43705.54
劳动力		8976.80								8976.80
资本		3556.49								3556.49
居民			8976.98	166.76		789.53	490.09	153.58		10576.94
企业				3389.84			175.78			3565.62
政府	98.78	2491.32			735.86	433.88				3759.84
国外	3941.17					174.96	0.88		375.95	4492.95
资本账户					2801.19	2167.15	1088.96			6057.30
	47745.49	43705.61	8976.98	3556.60	10577.11	3565.52	3759.80	4493.01	6057.24	

12.4 模型的政策模拟冲击实验

模型构建完成，需要进一步检验模型对经济模拟的有效性，即模型的强壮性分析。在模型有效的前提下，我们才能使用模型分析问题。根据前面的分析，FDI 对北京制造业竞争力有主要直接影响的外生变量为行业技术参数、行业 FDI 资本投入、国外资本投入、产业集中度以及 FDI 利润汇回率。下面我们要对模型进行单变量冲击，以确保能准确了解到 FDI 对模型以及北京制造业竞争力的影响程度及效果，为北京制造业竞争力的提升提供合理科学的意见与建议

12.4.1 检验模型对经济模拟的强壮性

在进行强壮性实验时，本研究采用 2012 年的北京制造业 SAM 数据作为初始数据，运用上文计算得到的所有外生变量和参数，对该模型进行冲击，如果冲击的结果与原始数据相差甚微，则表明该模型能够正确反映经济发展状况，模型具有较高的强壮性。本研究采用 LINGO 9.0 软件，冲击结果如表 12 - 11 所示。

从表 12 - 11 中可以看出，本研究建立的 CGE 模型在使用参数以及基期数据得出的模拟结果与原始数据十分相近。这些模拟结果与原始数据进行对比之后可以发现 80% 以上变动比率低于 0.001%，其余变动率较高的均低于 0.2%。通过以上检验可知，该模型具有良好的强壮度，能够客观地再现经济状况。

表 12-11　基期模拟结果

行业	产出			资本投入			就业		
	原值	模拟值	变动率(%)	原值	模拟值	变动率(%)	原值	模拟值	变动率(%)
1	299.14	299.44	0.001	69.30	69.21	-0.002	4.46	4.46	0.000
2	524.74	524.74	0.000	108.12	108.31	0.001	5.89	5.89	0.000
3	510.32	510.32	0.000	125.83	125.83	0.000	7.13	7.15	0.003
4	2722.67	2722.40	-0.001	501.41	501.41	0.000	15.30	15.30	0.000
5	669.68	669.67	-0.001	83.05	84.62	0.011	6.34	6.33	-0.001
6	2054.87	2058.98	0.002	494.84	494.84	0.000	14.04	14.00	-0.002
7	224.34	224.54	0.001	284.49	284.49	0.000	3.23	3.23	0.000
8	56.25	56.25	0.000	269.84	269.51	-0.001	0.87	0.88	0.013

行业	生产价格			出口		
	原值	模拟值	变动率(%)	原值	模拟值	变动率(%)
1	1.00	1.00	-0.002	22.55	22.55	0.000
2	1.00	1.00	0.011	83.49	83.49	0.000
3	1.00	1.00	0.000	68.52	68.92	0.001
4	1.00	1.00	0.000	49.02	49.02	0.000
5	1.00	1.00	0.000	61.09	61.02	-0.001
6	1.00	1.00	0.001	976.37	976.37	0.000
7	1.00	1.00	0.000	15.08	15.08	0.000
8	1.00	1.00	0.000	2.60	2.60	0.000

数据来源：根据 LINGO 9.0 输出结果总结。

12.4.2 对模型进行单变量政策模拟冲击实验

通过前文的分析可知，FDI 对北京制造业竞争力影响的变量较多，接下来通过对单一变量的冲击实验可以充分了解到各项变量对模型的影响，从而客观预测决策提出后的效果与作用，有助于提高政策的合理性与科学性。

通过上文的分析与模型的建立可知，FDI 对北京制造业竞争力的影响主要体现在行业集中度、技术、资本、国外利润汇回率这四个方面，接下来将以 2012 年 SAM 数据作为初始数据，依次对这四个变量进行冲击实验，总结如表 12－12 所示。

表 12－12　技术变化冲击

冲击	变量变动	结果	
	技术值增加（%）	北京制造业 GDP 指标	北京制造业竞争力指标
2.1	10	－0.0000102	0.0020130
2.2	20	－0.0000101	0.0043250
2.3	40	－0.0000101	0.0074330
2.4	60	－0.0000103	0.0118870
2.5	80	0.0321300	0.1423150
2.6	100	0.0251224	0.1240170

从表 12－12 中可以看出，技术值增加范围在 10%～60% 时，GDP 指标值波动范围很小，竞争力指标值随着技术参数的增加而不断上升。技术值增加范围超过 60%，达到 80% 的时候，GDP 迅速增加，虽然慢于竞争力指标增长的速度，但此后二者的增长趋势趋于一致。由此我们可以得出如下结论：技术参数要想对经济产生影响就必须要达到一个临界值，只有达到临界值的时候，技术提升才会对经济产生很大的影响，在此临界值之下则对经济影响甚微，超过此临界值的时候会在短期内带来经济震荡，即

制造业各行业需要一段时间来吸纳消化技术提升带来的冲击，在这段时间之后会形成新的稳定状态。

表 12－13　国外资本变化冲击

冲击	变量变动	结果	
	资本增加值（%）	北京制造业 GDP 指标	北京制造业竞争力指标
3.1	20	0.0000204	－0.000356
3.2	40	0.0000411	－0.000783
3.3	60	0.0000790	－0.001152
3.4	80	0.000167	－0.001470
3.5	100	0.000201	－0.001700
3.6	200	0.000258	－0.003251

从表 12－13 中可以看出，GDP 与国外资本变动方向一致，随着资本投入的增加，经济产出增加，GDP 指标值上升，表现在表格中即随着资本的增加，GDP 指标值不断上升；竞争力指标与国外资本变动方向相反，国外资本的增加会降低行业的控制力度，不利于竞争力的提升，表现在表 3－13 中，即竞争力指标随着资本值的增加而下降，且下降速度要快于 GDP 的增长速度。

表 12－14　行业集中度变化冲击

冲击	变量变动	结果	
	行业集中度变化（%）	北京制造业 GDP 指标	北京制造业竞争力指标
1.1	10	0.000086	0.0003761
1.2	20	0.000181	0.0008030
1.3	40	0.000345	0.001351
1.4	60	0.000507	0.002067
1.5	80	0.000701	0.002491
1.6	100	0.000824	0.003332

表 12－14 中的数据表示，随着行业集中度的提高，经济产出即 GDP

与竞争力指标也会随之提升，变化趋势一致。但是从表 12－14 中可以看出行业集中度变化在 10%～40% 时，北京制造业 GDP 指标与北京竞争力指标的提升速度较快，行业集中度变化超过 40% 以后，北京制造业 GDP 指标与北京竞争力指标的提升速度明显放缓，即当行业集中度增长达到一定程度之后，随着行业集中度的不断提升，GDP 与竞争力指标提升速度会不断放缓。

表 12－15　利润汇回率变化冲击

合并	变量变动	结果	
	利润汇回率增加(%)	北京制造业 **GDP** 指标	北京制造业竞争力指标
4.1	0.1	－0.000087	－0.000785
4.2	0.3	－0.000236	－0.002275
4.3	0.5	－0.000551	－0.003902
4.4	1	－0.00092	－0.008045
4.5	0.1　　0.3	0.000066	0.008571
4.6	0.1　　0.5	0.001027	0.001255

本轮冲击实验在原有基础上加入了长短期的比较 4.5 与 4.6（见表 12－15）。以 4.5 为例，使用 2012 年的数据作为初始数据，将利润汇回率提高 0.1%，将得到的内生变量值作为下一轮的初始数据，再将利润汇回率提高 0.3% 进行二次冲击。这样可以通过 4.2 与 4.5，4.3 与 4.6 的比较来反映利润汇回率在短期快速提升与长期缓慢提升对北京制造业的影响。

从表 12－15 中可以看到受利润汇回率的影响，GDP 指标与利润汇回率成反方向变动，竞争力指标与 GDP 变动趋势一致，即利润汇回率对北京制造业的发展有负面影响，其中竞争力指标受到利润汇回率的影响要大于 GDP。但是，通过 4.5、4.6 不难发现，如果利润汇回率在长期缓慢提升则会对北京制造业有益。

12.4.3　分析政策模拟冲击实验结果

通过单个变量的冲击实验，我们可以清晰地了解到各个变量对北京制造业竞争力提升的影响与作用，可以得到如下冲击结论。

技术参数对北京制造业竞争力的影响是有一定条件的，即是否达到了临界值。当技术值低于这一数值时，技术对北京制造业的影响十分微弱；随着技术水平不断提升逼近临界值，技术对北京制造业的影响会日益显著，直到达到这一临界值。技术水平的提高与技术的创新会对整个北京制造业的经济发展产生巨大的影响；技术水平的继续提升会使技术值逐渐高于临界值，在短期内带来经济的震荡，但经过经济发展过程中的不断调整与适应，从长期来看，会为北京制造业的发展带来动力。

国外资本的增加会带来北京制造业产出的增加，但是因为国外资本的增加主要来源于外资投入的增加，会在一定程度上降低行业控制力，不利于北京制造业竞争力指标的提升。通过这一冲击实验可以得出如下结论：国外资本的投入固然可以增加北京制造业的产出，但是对竞争力存在负面影响，在国外资本引进过程中要坚持适度合理的原则。

行业集中度提高时，北京制造业的 GDP 指标值与竞争力指标值都会随之提升，竞争力指标值受行业集中度影响程度要大于 GDP 所受到的影响程度。随着行业集中度变化率不断提升，GDP 指标值与竞争力指标值提升速度会逐渐放缓，如果一味地提升行业集中度，必然会在未来造成集中度扩张过度进而对经济发展带来消极影响。

利润汇回率在短期内的升高无论是对北京制造业的产出，还是北京制造业竞争力，都会产生负面影响，使这两个指标值下降。但是长期缓慢提升利润汇回率对经济发展的有益，可以带来北京制造业产出增长，竞争力的提升。

12.5 本章小结

本章在分析 FDI 对北京制造业竞争力影响机制的基础上，构建了较为全面的北京制造业竞争力评价指标体系，并在此基础上建立了以 SAM 矩阵为数据基础的 CGE 模型，从行业集中度、技术参数、资本变化、利润汇回率四个层面分析 FDI 对北京制造业竞争力的影响机制，研究结果表明：

1. 技术参数对北京制造业竞争力的影响有一个临界值，只有当技术飞速发展提高到这一临界值，行业技术的创新才会对整个经济产生明显的推动作用，促使竞争力提升，经济产出增加。

2. 国外资本的增加可以带来北京制造业产出的增加，但是只有适度的国外资本才可以提升北京制造业竞争力，否则会带来负面影响，造成北京制造业竞争力的下降。

3. 行业集中度的提高会带来北京制造业产出的增长，也会促使北京制造业竞争力的提升，但是过度扩张会给北京制造业竞争力带来负面的效果。

4. 利润汇回率在短期内与北京制造业的产出和北京制造业竞争力呈现反方向的变动，但是从长期而言，平缓的利润汇回率的上升可以实现北京制造业产出增长，竞争力的提升。

第 13 章

研究结论与政策启示

Chapter Thirteen

对 CGE 评估模型政策仿真冲击实验结果进行分析与归纳总结，同时就 FDI 对北京制造业产出影响的实证研究结果进行分析与归纳总结，得出结论如下：

13.1 研究结论

13.1.1 技术参数对北京制造业竞争力的影响有临界值

技术参数对北京制造业竞争力的影响有一个临界值，只有当技术飞速发展提高到这一临界值时，行业技术的创新才会对整个经济产生明显推动作用，促使竞争力提升，经济产出增加。

13.1.2 适度的国外资本有利于北京制造业竞争力的提升

国外资本的增加可以带来北京制造业产出的增加，但是只有适度的国外资本，才能保持对制造业产业的控制力，才有利于北京制造业竞争力的提升，否则会带来负面影响，造成北京制造业竞争力的下降。

13.1.3 行业集中度提高会带来北京制造业产出增长和竞争力提升，但过度扩张会产生不利影响

行业集中度的提高会带来北京制造业产出的增长，也会促使北京制造

业竞争力的提升，但是过度扩张会对北京制造业竞争力带来负面的效果。

13.1.4 利润汇回率在短期和长期对北京制造业竞争力的影响不同

利润汇回率在短期内与北京制造业的产出和北京制造业竞争力呈现反方向变动，但是就长期而言，平缓的利润汇回率的上升可以实现北京制造业产出增长，竞争力的提升。

13.1.5 FDI 对资源密集型制造业产出影响的综合效应低于劳动密集型制造业，对劳动密集型制造业产出影响的综合效应低于技术密集型制造业

从 FDI 对北京制造业产出影响的综合效应来看，FDI 在北京市制造业的投资总体促进了某行业及关联行业的发展及产出的增长。但这种促进能力在不同行业由于其投入差额及间接效应的不同产生不同的效果。总体来看，FDI 在资源密集型制造业的综合效应低于劳动密集型制造业，劳动密集型制造业综合效应低于技术密集型制造业。

首先在只考虑 FDI 的直接效用前提下，FDI 对于技术密集型行业工业产值的贡献率高于资源密集型行业工业产值的贡献率。其次，在考虑行业间的关联效应下，各行业中 FDI 流入对本行业及相关行业产生的拉动效果产生变化。如仪器仪表及文化办公用机械制造业、食品制造及烟草加工业、木材加工及家具制造业等行业，流入本行业的 FDI 对本行业直接拉动效果明显，但由于本行业对其他行业的间接拉动能力及其他行业对本行业的间接拉动能力不足，导致上述行业中 FDI 带来的综合提升能力不强。最后，从 FDI 的间接效用强度指标来看，北京市制造业 FDI 流入对于本行业的间接效用小于 FDI 流入本行业对于其他行业的间接效用。

13.2　政策启示

基于 CGE 模型，从技术进步、转型升级、市场结构、资本形成、国际贸易等多个层面，研究 FDI 对北京制造业竞争力的影响机制，全面评估北京制造业竞争力提升过程中 FDI 的作用；基于投入产出模型分析 FDI 对北京制造业产出的影响。在上述实证研究的基础上，提出政策建议如下：

13.2.1　提高技术参数，鼓励技术创新

为了能够吸引更多的 FDI 进入北京制造业，政府首先需要营造一个良好的投资环境，如完善基础设施建设、提高制造业市场效率、加强产权保护力度等。良好的投资环境在吸引外资的同时也能够促进 FDI 技术外溢效应的发挥，在一定程度上提高北京制造业的技术参数。

政府在制定吸引 FDI 的优惠政策时，可以更加关注 FDI 的技术含量，并且给予一定的政策倾斜，这样有助于引进和学习先进的技术、管理经验。对于已经进入北京制造业的 FDI 相关企业，政府则需要为这些企业与本土企业创造合作交流的机会，推动技术的交流学习。

我们在学习 FDI 带来的先进技术的同时，更要关注北京本土企业的技术发展。对于本土与外资相比技术差距较小的企业，政府应给予技术研发上的支持，推动本土企业创新，努力缩小与外资企业的技术差距，提高创新效率，突破能给经济带来巨大影响的经济参数的临界点。

北京市政府也应制定政策措施来支持制造业提升创新活动。例如，通过支持龙头企业的技术开发机构，鼓励企业有组织的技术创新活动；通过支持以企业为龙头的产学研新型合作，来促进创新资源向企业的聚集，提高企业的核心竞争力；通过支持通用技术和涉及提高行业技术标准的开发活动，促进行业技术水平的整体提升；通过支持行业创新联盟、工程中

心、科技服务机构等来促进技术创新系统的基础平台和服务体系建设。

13.2.2 稳定利润汇回率，鼓励投资增加

利润汇回率短期飞速提升会对北京制造业竞争力产生负面影响，为了避免这种现象，就需要政府制定稳定的汇率政策。利润汇回率与国内的经济环境有着密切的联系，经济发展越快汇率越稳定，利润汇回率越低，所以政府应当在刺激经济增长的同时采用稳定的汇率政策。

北京因特殊的政治地位，国外投资数量较大。国外资本的增加虽然能够带来北京制造业产出的提高，但是鉴于国外资本对北京制造业竞争力存在一定的负面影响，应谨慎对待投资增加。

我们要抓住发展机遇，在扩大引进外资规模的同时，更加关注引进外资的质量，将经济发展的重点放在促进国内资本形成、企业技术增长和北京制造业发展上来。政府可以充分发挥导向作用，限制外来资本进入已经发展较为成熟的行业，同时出台相应的优惠政策引导外资进入国内资本不愿意或者没有能力进入的行业。

13.2.3 控制行业集中度，政府适度干预

在行业集中度不高的情况下，FDI 发生在短期可以适度提高行业集中度，这对北京制造业竞争力的提升是有利的，政府不需要采取过多的干涉，但是当行业集中度达到一定的高度时，政府应当采取措施鼓励其他竞争者进入，从而降低行业集中度。由于长期行业集中度会不可避免地继续扩张，进而导致北京制造业产出与竞争力的下降，因此政府还应当加强对 FDI 进入后行业集中度的动态监测。

大力引进外商直接投资的同时，政府也要关注到制造业民族企业的发展。民族企业在制造业发展过程中具有重要的战略意义，是制造业发展的基本立足点，更是提升国际竞争力的重要依托。因此，政府需要引进外

资，营造竞争氛围，推动民族企业提升自身竞争力，提高经济效率，促使民族企业行业集中度的提升；同时，应当给予民族企业相应的优惠政策与补贴，扶持民族企业不断壮大与发展，真正做到依靠民族企业实现行业集中度的合理性与科学性。

13.2.4 制定差别化政策，引导 FDI 流入北京制造业技术密集型行业

利用投入产出模型研究 FDI 对北京制造业各行业竞争力的影响可以发现，FDI 在北京制造业各行业中工业产值占比不同，对相关产业产生的推动作用也不尽相同。因此，为使北京制造业各行业产生实际效用最大化，必须采取不同行业的差别化政策措施，引导 FDI 流入制造业各行业。在制造业发展前景方面，尤其要通过政策引导 FDI 流向制造业领域中的技术密集型行业和基础行业，通过 FDI 的流入推动北京制造业产业升级及产业结构的优化调整。特别是在制造业的部分垄断行业方面要注意引导 FDI 的流入。针对制造业不同行业的 FDI 流入制定政策时，要注意考量各行业的发展前景，FDI 对于本行业产生的直接推动作用，以及对相关联行业的间接拉动作用。具有巨大发展前景，有利于本行业产业升级，符合可持续高效率发展且对关联产业有巨大推动效用的 FDI 需着重给予优惠政策，提供优厚的条件和发展资源推动本行业的发展；属于夕阳产业，在本行业发展中不具备较高影响且对关联产业无太大作用的 FDI 则要限制其流入。

附录一

北京2007年投入产出表部门分类及代码（制造业部分）

Ⅰ级分类		Ⅱ级分类	
代码	部门名称	代码	部门名称
06	食品制造及烟草加工业	13011	谷物磨制业
		13012	饲料加工业
		13013	植物油加工业
		13014	制糖业
		13015	屠宰及肉类加工业
		13016	水产品加工业
		13017	其他食品加工业
		14018	方便食品制造业
		14019	液体乳及乳制品制造业
		14020	调味品、发酵制品制造业
		14021	其他食品制造业
		15022	酒精及酒的制造业
		15023	软饮料及精制茶加工业
		16024	烟草制品业
07	纺织业	17025	棉、化纤纺织及印染精加工业
		17026	毛纺织和染整精加工业
		17027	麻纺织、丝绢纺织及精加工业
		17028	纺织制成品制造业
		17029	针织品、编织品及其制品制造业
08	纺织、服装、鞋帽、皮革羽绒及其制品业	18030	纺织服装、鞋、帽制造业
		19031	皮革、毛皮、羽毛（绒）及其制品业
09	木材加工及家具制造业	20032	木材加工及木、竹、藤、棕、草制品业
		21033	家具制造业

续表

Ⅰ级分类		Ⅱ级分类	
代码	部门名称	代码	部门名称
10	造纸印刷及文教体育用品制造业	22034	造纸及纸制品业
		23035	印刷业和记录媒介的复制业
		24036	文教体育用品制造业
11	石油加工、炼焦及核燃料加工业	25037	石油及核燃料加工业
		25038	炼焦业
12	化学工业	26039	基础化学原料制造业
		26040	肥料制造业
		26041	农药制造业
		26042	涂料、油墨、颜料及类似产品制造业
		26043	合成材料制造业
		26044	专用化学产品制造业
		26045	日用化学产品制造业
		27046	医药制造业
		28047	化学纤维制造业
		29048	橡胶制品业
		30049	塑料制品业
13	非金属矿物制品业	31050	水泥、石灰和石膏制造业
		31051	水泥及石膏制品制造业
		31052	砖瓦、石材及其他建筑材料制造业
		31053	玻璃及玻璃制品制造业
		31054	陶瓷制品制造业
		31055	耐火材料制品制造业
		31056	石墨及其他非金属矿物制品制造业
14	金属冶炼及压延加工业	32057	炼铁业
		32058	炼钢业
		32059	钢压延加工业
		32060	铁合金冶炼业

续表

I 级分类		II 级分类	
代码	部门名称	代码	部门名称
		33061	有色金属冶炼及合金制造业
		33062	有色金属压延加工业
15	金属制品业	34063	金属制品业
16	通用、专用设备制造业	35064	锅炉及原动机制造业
		35065	金属加工机械制造业
		35066	起重运输设备制造业
		35067	泵、阀门、压缩机及类似机械的制造业
		35068	其他通用设备制造业
		36069	矿山、冶金、建筑专用设备制造业
		36070	化工、木材、非金属加工专用设备制造业
		36071	农林牧渔专用机械制造业
		36072	其他专用设备制造业
17	交通运输设备制造业	37073	铁路运输设备制造业
		37074	汽车制造业
		37075	船舶及浮动装置制造业
		37076	其他交通运输设备制造业
18	电气机械及器材制造业	39077	电机制造业
		39078	输配电及控制设备制造业
		39079	电线、电缆、光缆及电工器材制造业
		39080	家用电力和非电力器具制造业
		39081	其他电气机械及器材制造业
19	通信设备、计算机及其他电子设备制造业	40082	通信设备制造业
		40083	雷达及广播设备制造业
		40084	电子计算机制造业
		40085	电子元器件制造业
		40086	家用视听设备制造业
		40087	其他电子设备制造业

续表

Ⅰ级分类		Ⅱ级分类	
代码	部门名称	代码	部门名称
20	仪器仪表及文化办公用机械制造业	41088	仪器仪表制造业
		41089	文化、办公用机械制造业
21	工艺品及其他制造业	42090	工艺品及其他制造业
22	废品废料	43091	废品废料

注：2007 年、2010 年和 2012 年北京的投入产出表部门分类情况基本相同；唯一的不同在于，2012 年的投入产出表中将通用、专用设备制造业分为通用设备制造业和专用设备制造业。

附录二

北京制造业 17 行业 6 指标结构竞争力矩阵

		06	07	08	09	10	11	12	13	14	15	16	17	18	19	20	21	22
2007	SV	6. 48	1. 11	1. 71	0. 75	3. 17	3. 34	10. 21	3. 09	14. 18	2. 41	9. 94	11. 43	5. 03	21. 33	4. 14	1. 61	0. 05
	SEW	2. 72	2. 65	1. 98	2. 68	2. 31	37. 42	4. 65	18. 3	8. 75	1. 92	1. 2	1. 07	0. 58	0. 52	0. 27	1. 32	4. 64
	SEG	14. 46	14. 09	10. 5	14. 21	12. 28	198. 6	24. 69	97. 13	46. 43	10. 17	6. 38	5. 68	3. 09	2. 76	1. 45	6. 99	24. 61
	SEE	0. 88	0. 86	0. 64	0. 87	0. 75	12. 1	1. 5	5. 92	2. 83	0. 62	0. 39	0. 35	0. 19	0. 17	0. 09	0. 43	1. 5
	KP	2. 21	1. 5	1. 23	2. 48	3. 5	0. 94	3. 26	3. 25	0. 78	2. 55	1. 93	1. 94	1. 32	2. 44	0. 8	0. 43	2. 01
	LP	8. 47	15. 53	27. 21	17. 76	12. 27	3. 35	6. 7	12. 64	2. 76	10. 47	8. 19	5. 6	6. 01	3. 99	4. 8	5. 21	5. 42
2010	SV	5. 98	0. 73	1. 66	0. 79	3. 42	8. 96	12. 7	4. 18	1. 88	2. 24	13. 2	22. 18	6. 53	11. 61	3. 2	0. 68	0. 07
	SEW	2. 37	2. 57	1. 2	2. 01	1. 69	8. 82	2. 72	8. 73	2. 68	1. 74	0. 72	0. 57	0. 51	0. 64	0. 28	1. 72	7. 19
	SEG	27. 33	29. 64	13. 88	23. 22	19. 56	101. 89	31. 39	100. 8	30. 96	20. 1	8. 32	6. 54	5. 84	7. 36	3. 29	19. 88	83. 07
	SEE	0. 85	0. 92	0. 43	0. 72	0. 61	3. 16	0. 97	3. 13	0. 96	0. 62	0. 26	0. 2	0. 18	0. 23	0. 1	0. 62	2. 58
	KP	2. 44	2. 2	1. 39	3. 11	4. 06	1. 01	2. 01	2. 62	3. 99	2. 83	1. 42	1. 45	1. 28	3. 91	0. 92	4. 07	5. 08
	LP	9. 05	17. 25	18. 09	14. 88	8. 74	0. 9	4. 93	7. 74	7. 6	10. 43	5. 66	2. 83	4. 81	5. 29	5. 58	10. 7	10. 13

续表

		06	07	08	09	10	11	12	13	14	15	16	17	18	19	20	21	22
2012	SV	6. 18	0. 2	2. 59	0. 83	3. 61	5. 63	16. 97	3. 55	1. 03	2. 76	11. 63	25. 26	5. 57	10. 87	2. 66	0. 56	0. 09
	SEW	2. 75	6. 66	1. 41	2. 55	2. 16	15. 23	2. 04	10. 07	6. 01	2. 07	0. 84	0. 7	0. 79	1. 16	0. 51	1. 76	2. 73
	SEG	52. 59	127. 27	26. 87	48. 67	41. 3	290. 76	38. 93	192. 22	114. 7	39. 6	16. 06	13. 35	15. 07	22. 08	9. 78	33. 54	52. 09
	SEE	0. 81	1. 96	0. 41	0. 75	0. 64	4. 48	0. 6	2. 96	1. 77	0. 61	0. 25	0. 21	0. 23	0. 34	0. 15	0. 52	0. 8
	KP	2. 42	2. 81	1. 19	1. 98	3. 06	0. 94	1. 4	2. 52	4. 03	2. 55	1. 85	1. 66	1. 96	4. 49	0. 99	3. 72	1. 28
	LP	8. 72	13. 88	10. 12	10. 02	5. 35	1. 36	4. 82	7. 64	7. 31	7. 23	5	2. 7	5. 08	5. 76	5. 42	6. 91	4. 65

注：表中 SV、SEE、SEG、SEW、LP、KP 分别为北京制造业分行业增加值占比、产业能耗、废气排放强度和废水排放强度指数、资本生产率、劳动生产率。表中代码 06 ~22 分别对应制造业 17 部门，详见附录一。

附录三

2007、2010、2012 年度北京制造业 17 部门投入产出比

年份	2007	2010	2012
食品制造及烟草加工业	1. 3029	1. 2381	1. 2069
纺织业	1. 3646	1. 265	1. 1376
服装皮革羽绒及其制品业	1. 4439	1. 4134	1. 5371
木材加工及家具制造业	1. 2681	1. 2767	1. 3005
造纸印刷及文教用品制造业	1. 4248	1. 4915	1. 4441
石油加工、炼焦及核燃料加工业	1. 1045	1. 2889	1. 166
化学工业	1. 3947	1. 4438	1. 352
非金属矿物制品业	1. 2562	1. 2817	1. 2083
金属冶炼及压延加工业	1. 552	1. 0834	1. 1021
金属制品业	1. 2698	1. 247	1. 2603
通用、专用设备制造业	1. 332	1. 3506	1. 3365
交通运输设备制造业	1. 226	1. 2662	1. 2626
电气、机械及器材制造业	1. 3461	1. 2388	1. 2291
通信设备、计算机及其他电子设备制造业	1. 1581	1. 1205	1. 1345
仪器仪表及文化办公用机械制造业	1. 4865	1. 4087	1. 3616
工艺品及其他制造业	1. 444	1. 1606	1. 2896
废品废料	1. 3919	1. 1518	1. 3373
制造业	1. 2595	1. 247	1. 2425

注：投入产出比的计算公式为行业总产值与行业增加值的差除行业总产值。

数据来源：相关年份北京统计年鉴。

后　记

本书是在北京市社科基金项目《基于 CGE 模型的外商直接投资对北京制造业竞争力影响研究》（项目批准号：13JGB027）的研究成果以及前期研究阶段性成果基础上撰写的。

该书的完成在选题、研究框架构建、研究思路与方法、数据采集、计量分析等各方面都浸透着课题组成员的辛勤汗水。除作者本人外，课题组成员陈伟、沈子傲、岳沼洋、张莹、玉晓丽等也为本书的创作做出了相应的贡献。

中国经济出版社对本书的出版给予了大力支持，在此深表谢意。

此外，还要特别感谢我的先生，他为本书的撰写提出了很多有益的建议。

韩景华

2019 年 7 月于北京望京

参考文献

[1] 李太勇. 跨国公司投资对我国市场结构的影响 [J]. 中国工业经济, 1999 (11): 55 – 59.

[2] 陈建华. 论外国直接投资对我国的市场结构效应 [J]. 对外经济贸易大学学报, 2001 (3): 14 – 17.

[3] 姚战琪. 跨国公司、并购行为与市场结构 [J]. 产业经济研究, 2004 (2): 19 – 26.

[4] 樊瑞莉. 跨国公司进入对我国市场结构的影响及对策分析 [J]. 经济问题探索, 2006 (2): 56 – 60.

[5] 易小佳, 廖进中, 何颖媛. 跨国公司进入对我国市场结构的影响 [J]. 重庆工商大学学报, 2006 (8): 73 – 76.

[6] 孔令刚, 蒋晓岚, 张红平. FDI 对本土零售业市场结构变化影响的理论和实证研究——以安徽市场为例 [J]. 数量经济技术经济研究, 2006 (12): 109 – 116.

[7] 胡峰, 程新章. 论跨国公司在华并购对我国市场结构演进的影响 [J]. 江苏社会科学, 2002 (6): 84 – 88.

[8] 许辉. 我国汽车工业进入壁垒与进入壁垒失效研究 [J]. 管理世界, 1999 (5): 112 – 117.

[9] 陈意新. 外商直接投资对我国市场结构的影响及对策分析 [D]. 广州: 暨南大学, 2006.

[10] 胡志宝. 浅析跨国公司投资与我国市场结构改善 [J]. 国际贸易问题, 1998 (12): 32 – 35.

[11] 杨丹辉. 跨国公司进入对中国市场结构变动的影响 [J]. 经济理论与经济管理, 2004 (3): 11 – 17.

[12] 张宏. 跨国公司投资对发展中东道国产业进入壁垒的突破与重建 [J]. 山东大学学报 (哲理社会科学报), 2006 (1): 103 – 109.

[13] 刘艳婷. 经济全球化条件下的垄断寡占市场结构及其效率、政策研究 [J]. 成都：西南财经大学，2009.

[14] 赵丽. 跨国公司直接投资对我国汽车行业市场结构的影响研究 [D]. 长沙：中南大学，2006.

[15] 易小佳. 跨国公司投资对我国市场结构效应研究 [D]. 长沙：湖南大学，2006.

[16] 段琳. 外商直接投资对市场结构的影响——以我国汽车产业为例 [D]. 南京：东南大学，2006.

[17] 石俊华. 跨国公司投资对中国市场结构演进的影响 [J]. 北京交通大学学报 (社会科学版)，2009 (1)：60 - 64.

[18] 魏厚凯. 市场竞争、经济绩效与产业集中——对中国制造业集中与市场结构的实证研究 [M]. 北京：经济管理出版社，2003.

[19] 马建堂. 结构与市场行为——中国产业组织研究 [M]. 上海：中国人民大学出版社，1993.

[20] 杨公仆，夏大慰. 产业经济学教程 [M]. 上海：上海财经大学出版社，1998.

[21] 植草益. 产业组织论 [M]. 北京：中国人民大学出版社，1988.

[22] 中国汽车工业协会统计信息网.

[23] 国家统计局网站，http://www.stats.gov.cn/tjsj/.

[24] 中国企业联合会，中国企业家协会：http://www.cec1979.org.cn/.

[25] 王文治，陆建明. 外商直接投资与中国制造业的污染排放：基于行业投入—产出的分析 [J]. 世界经济研究，2011 (8).

[26] 宋娟. 外商直接投资对中国制造业市场结构的影响 [M]. 北京：中国社会科学出版社，2011.

[27] 马建堂. 论进入壁垒 [J]. 江淮论坛，1993 (2).

[28] 李平，于雷. 我国制造业产业进入壁垒分析 [J]. 经济理论与经济管理，2007 (11).

[29] 葛顺奇，李圆圆. 外商直接投资对我国制造业市场集中度的影响 [J]. 国际经济合作，2010 (9).

[30] 郭克莎. 外商直接投资对我国产业结构的影响研究 [J]. 管理世界，2000 (2)：34 - 45，63.

[31] 王文治，陆建明. 外商直接投资与中国制造业的污染排放：基于行业投入—产出的分析 [J]. 世界经济研究，2011 (8)：55 - 62.
[32] 赵果庆. 基于FDI集聚的中国产业竞争力研究 [M]. 北京：中国经济出版社，2009.
[33] 李富生，黄文馨. 中国区域产业结构竞争力评价及分析 [J]. 内蒙古科技与经济，2006 (21)：2 - 4.
[34] 雷怀英. 产业结构竞争力的测度指标体系研究 [J]. 经济问题，2009 (11)：29 - 30，38.
[35] 赤松要. 我国产业发展的雁行形态——以机械仪表工业为例 [J]. 一桥论丛，1956，36 (5).
[36] 陈继勇. 国际直接投资的新发展与外商对华直接投资研究 [M]. 北京：人民出版社，2004.
[37] 陈琳. 产业关联和 FDI 的垂直型外溢——基于中国制造业企业数据的经验研究 [J]. 世界经济文汇，2011 (1)：73 - 86.
[38] 陈继勇，盛杨怿. 外国直接投资与我国产业结构调整的实证研究——基于资本供给和知识溢出的视角 [J]. 国际贸易问题，2009 (1)：94 - 100.
[39] 赵果庆. 跨国公司对我国工业结构竞争力的影响研究 [J]. 财贸经济，2006 (6)：50 - 54.
[40] 小岛清. 雁行型经济发展论——赤松原型 [J]. 世界经济评论，2000. 3.
[41] A. G. 肯伍德，A. L. 洛赫德. 国际经济的成长：1820—1990 [M]. 王春法译，北京：经济科学出版社，1997.
[42] 赵果庆. 跨国公司对我国产业结构竞争力的影响研究—基于产业四象限划分的研究 [J]. 世界经济研究，2006 (7)：58 - 65.
[43] 王秉安. 区域工业结构竞争力模型初探 [J]. 福建行政学院福建经济管理干部学院学报，2001 (3)：30 - 34.
[44] 傅强，周克红. 我国三大经济圈外国直接投资的差异性分析与结构转换效应评价 [J]. 世界经济研究，2006 (3)：69 - 77 页.
[45] 张淑玲，卢婵君. FDI 对我国产业结构升级的作用机制研究 [J]. 生产力研究，2007 (9)：102 - 104.
[46] 周启良，庄宗明. FDI 与中国产业结构优化文献综述 [J]. 云南财经大学学

报, 2011, 26 (3): 11 – 15.

[47] 孙斐, 陈静. FDI 与产业结构高级化相关性研究 [J]. 浙江金融, 2007 (8): 55 – 56.

[48] 高峰. 利用外资促进我国产业结构优化作用机理探讨 [J]. 经济问题, 2002 (11): 18 – 20 .

[49] 王军. FDI 在我国产业结构优化升级中的作用 [J]. 国际经济合作, 2006 (9): 34 – 36.

[50] 张天阵, 王贵民. FDI 促进产业结构调整研究述评 [J]. 河南社会科学, 2010 (2): 78 – 81.

[51] 杨刚. 利用外商直接投资对中国产业结构升级的影响研究 [D]. 武汉理工大学硕士学位论文, 2005, 10.

[52] 宋京. 外国直接投资对我国产业结构升级的影响——对外贸易视角的分析 [J]. 国际贸易问题, 2005 (4): 82 – 86.

[53] 李享章, 陈小京. FDI 产业结构效应与民营企业的产业选择策略 [J]. 统计与决策, 2006 (12): 132 – 133.

[54] 杨刚. FDI 促进我国产业结构升级的传导机制研究 [J]. 科技创业月刊, 2005 (7): 32 – 33.

[55] 张娟. 外国直接投资对中国产业结构的调整效应分析 [J]. 亚太经济, 2006 (6): 85 – 87.

[56] 宋泓, 柴瑜. 三资企业对我国工业结构效益影响的实证研究 [J]. 经济研究, 1998 (1): 30 – 36.

[57] 方燕, 高静. 外商直接投资对产业结构的影响分析——基于向量误差修正模型的实证研究 [J]. 北京工商大学学报 (社会科学版) , 2010 (1): 49 – 52, 58.

[58] 张燕文. 利用 FDI 促进湖北省产业结构优化升级的思考 [J]. 统计与决策, 2006 (3): 44 – 46.

[59] 迈克尔 · 波特. 国家竞争优势 [M]. 李明轩, 邱如美译, 北京: 华夏出版社, 2002.

[60] 李晓钟, 刘振宇. FDI 对我国制造业碳排放影响分析 [J]. 国际商务——对外经济贸易大学学报, 2013 (1): 95 – 103.

[61] 刘巳洋，路江涌，陶志刚. 外商直接投资对内资制造业企业的溢出效应：基于地理距离的研究 [J]. 经济学（季刊），2008，8（1）：115－128.

[62] 杨明. 北京制造业在创新发展中实现嬗变 [N]. 中国工业报 2016－08－02（A04）.

[63] 刘渝琳，李松. 基于制造业 FDI 的工业竞争力分析 [J]. 贵州财经学院学报，2008（4）：54－58.

[64] 周杰琦，汪同三. 外商直接投资、经济增长和 CO2 排放——基于中国省际数据的实证研究 [J]. 北京理工大学学报（社会科学版），2014（3）：30－37，74.

[65] 霍杰. 经济增长、外商直接投资和能源消费——基于面板数据联立方程模型的经验研究 [J]. 科技管理研究，2015（18）：241－247 .

[66] 原正行. 海外直接投资论 [M]. 封小云译，广州：暨南大学出版社，1995.

[67] 张宏，李浩然. 中国制造业 FDI 行业间技术溢出效应的实证分析 [J]. 亚太经济，2010（1）：100－105.

[68] 邱斌，杨帅，辛培江. FDI 技术溢出渠道与中国制造业生产率增长研究：基于面板数据的分析 [J]. 世界经济，2008（8）：20－31.

[69] 田洪川，石美遐. 制造业产业升级对中国就业数量的影响研究 [J]. 经济评论，2013（5）：68－78.

[70] 王苍峰. FDI、行业间联系与溢出效应——基于我国制造业行业面板数据的实证分析 [J]. 世界经济研究，2008（3）：73－79，89.

[71] 贺灿飞，潘峰华. 溢出效应还是挤出效应——对北京市制造业外商直接投资的实证分析 [J]. 中国软科学，2006（7）：96－104.

[72] 联合国跨国中心. 1992 年世界投资报告跨国公司：经济增长的引擎 [M]. 储祥银等译，北京，对外经济贸易大学出版社，1993.

[73] 李晓钟，刘振宇. FDI 对我国制造业碳排放影响分析 [J]. 国际商务——对外经济贸易大学学报，2013（1）：95－103.

[74] 李晶. 外商制造业投资对国内产业升级产生正外部性的实证分析 [J]. 当代财经，2003（12）：98－101.

[75] 谢文武，肖文，汪滢. 开放经济对碳排放的影响——基于中国地区与行业面板数据的实证检验 [J]. 浙江大学学报（人文社会科学版），2011，411

(5)：163 – 174.
[76] 代迪尔，李子豪. 外商直接投资碳排放效应——基于中国工业行业数据的研究 [J]. 国际经贸探索，2011，5：60 – 67.
[77] 朱帅. 从美国制造业最新进展看我国应对之策 [N]. 中国经济导报，2017 – 01 – 04.
[78] 孟凡臣，周文娟，马文军. 外商直接投资对北京制造业的技术外溢效应研究 [J]. 兵工学报，2009，11 月增刊.
[79] 王燕武，李文溥，李晓静. 于单位劳动力成本的中国制造业国际竞争力研究 [J]. 统计研究，2011 (10)：60 – 65，67.
[80] 陈立敏，王漩，饶思源. 中美制造业国际竞争力比较：基于产业竞争力层次观点的实证分 [J]. 中国工业经济，2009 (6)：57 – 66.
[81] 聂平香. 利用外贸外资促进我国产业结构升级的思考 [R]. 商务部研究院，2005.
[82] 王志华、陈圻、刘彬. 外商直接投资对长三角制造业结构高级化的影响 [J]. 现代经济探讨，2006 (3)：80 – 83.
[83] 田洪川、石美遐. 制造业产业升级对中国就业数量的影响研究 [J]. 经济评论，2013 (5)：68 – 78.
[84] 杨治. 产业政策与结构优化 [M]. 北京：新华出版社，1999，86.
[85] 郭凯明、杭静、颜色. 中国改革开放以来产业结构转型的影响因素 [J]. 经济研究，2017 (3)：32 – 46.
[86] 岳沼洋. 外商直接投资对我国制造业结构竞争力影响研究 [D]. 北京第二外国语学院硕士学位论文，2014.
[87] 潘文卿. 外商投资对中国工业部门的外溢效应：基于面板数据的分析 [J]. 世界经济，2003 (6)：3 – 7.
[88] 陈意新. 外商直接投资对我国市场结构的影响及对策分析 [D]. 广州：暨南大学，2006..
[89] 易小佳. 跨国公司投资对我国市场结构效应研究 [D]. 长沙：湖南大学，2006..
[90] 李太勇. 跨国公司投资对我国市场结构的影响 [J]. 中国工业经济，1999 (11) ：55 – 59..

[91] 冼国明，严兵. FDI对中国创新能力的溢出效应 [J]. 世界经济，2005 (10)：18 - 25.

[92] 张小蒂，王焕祥. 论跨国公司FDI中基于并购的要素交易整合优势 [J]. 世界经济，2004 (7)：44 - 50.

[93] 邱立成，于李娜. 跨国公司进入中国市场模式及影响因素分析 [J]. 南开经济研究，2003 (4)：23 - 27.

[94] 陈漫. 中国引进外商直接投资的实效分析 [J]. 广东经济，2001 (3)：93 - 103. .

[95] 阳佳余. 金融发展与对外贸易：基于省际面板数据的经验研究 [J]. 经济科学，2007 (4)：46 - 57.

[96] 史龙祥，马宇. 经济全球化视角的金融结构变迁研究 [J]. 世界经济研究，2007 (6)：30 - 37.

[97] 徐冠华. 加强集成创新能力建设 [J]. 中国软科学，2002 (12)：2 - 5.

[98] 江小娟. 中国的外资经济：对增长、结构升级和竞争力的贡献 [M]. 北京：中国人民大学出版社，2002.

[99] 宋泓. 世界直接投资和国际贸易形势及对中国外经贸发展的影响 [J]. 世界经济，2003 (3)：44 - 48. .

[100] 赵波. 论跨国公司对国内企业的“挤出效应”及“反挤出”对策 [J]. 经济纵横，2001 (9)：4 - 6.

[101] 季崇威. 中国利用外资的历程 [M]. 北京：中国经济出版社，1999.

[102] 张纪康. 直接投资与市场结构效应 [M]. 上海：上海财经大学出版社，1999.

[103] 盛斌. 中国制造业的市场结构和贸易政策 [J]. 经济研究，1996 (8)：62 - 70. .

[104] 蒋殿春，夏良科. 外商直接投资对中国高技术产业技术创新作用的经验分析 [J]. 世界经济，2005 (8)：3 - 10.

[105] 汪先永，贺灿飞，胡雪峰. 外商直接投资与首都经济发展 [J]. 经济与管理研究，2005 (10)：36 - 39.

[106] 王琴英. 外资对北京经济增长的综合效应分析 [J]. 统计与决策，2003 (8)：39 - 40.

[107] 屈韬. FDI 技术外溢与自主创新体系研究 [M]. 北京：对外经济贸易大学出版社，2009.

[108] 梁华. 外国在华直接投资与近代中国经济发展 [M]. 北京：中国社会科学出版社，2011.

[109] 张健. 外商直接投资区域选择 [M]. 北京：经济科学出版社，2006. .

[110] 黄新飞. FDI、贸易开放与经济增长——基于中国的经验分析 [M]. 北京：经济管理出版社，2011. .

[111] 竺彩华. 外商直接投资与中国经济发展 [M]. 北京：经济科学出版社，2009. .

[112] 杨先明. 国际直接投资、技术转移与中国技术发展 [M]. 北京：科学出版社，2004. .

[113] 孙雅娜. 外商直接投资与中国经济增长 [M]. 北京：经济管理出版社，2009.

[114] 宋娟. 外商直接投资对中国制造业市场结构的影响 [M]. 北京：中国社会科学出版社，2011.

[115] 郑文堂，谢太峰. 北京金融发展布局：现状、问题与重整 [M]. 北京：经济科学出版社，2009.

[116] 巩云华. 北京市资金流动监测预警系统研究 [M]. 北京：首都经济贸易大学出版社，2011.

[117] 高伟凯. 外资并购与中国经济福利 [M]. 北京：经济管理出版社，2010.

[118] 陆建军. FDI 对中国国内投资影响的实证分析 [J]. 财经问题研究，2003 (9)：36 – 40.

[119] 方福前. FDI 外溢效应对我国工业行业技术进步的影响 [J]. 经济理论与经济管理，2008 (12)：19 – 25.

[120] 李蕊. FDI 与中国工业自主创新：基于地区面板数据的实证分析 [J]. 世界经济研究，2008 (2)：15 – 21.

[121] 张二震，任自成. FDI 与中国就业结构演进 [J]. 经济理论与经济管理，2005，(5)：5 – 10.

[122] 徐琳琳. FDI 对我国工资水平影响的实证分析 [J]. 经济论坛，2007 (22)：32 – 34.

[123] 毛飞. 公共部门工资与就业确定的局部均衡分析 [J]. 广东商学院学报, 2005 (2): 13-18.

[124] 黄翠珊. 外商直接投资的工资效应——基于我国制造业面板数据的实证研究 [J]. 宏观经济研究, 2012 (6): 75-82.

[125] 钟辉. FDI 对中国就业影响的动态分析 [J]. 世界经济研究, 2005 (12): 11-15.

[126] 刘宇. 外商直接投资对我国产业结构影响的实证分析——基于面板数据模型的研究 [J]. 南开经济研究, 2007 (1): 125-134.

[127] 胡再勇. 外国直接投资对我国国际贸易贡献的实证分析 [J]. 经济经纬, 2006 (6): 39-42.

[128] 张鹏, 李荣林. 外国直接投资与双边贸易关系中的国别差异 [J]. 国际贸易问题, 2007 (1): 84-90.

[129] 刘鹏飞, 张亚斌. 国际资本流动对我国就业影响的均衡分析 [J]. 国际经贸探索, 2007 (11): 45-49.

[130] 文青, 王述英. 外资并购对中国市场结构的优化——目标与效应趋势 [J]. 西南师范大学学报, 2006 (1): 107-110.

[131] 葛顺奇, 李圆圆. 外商直接投资对我国制造业市场集中度的影响 [J]. 国际经济合作, 2010 (9): 24-31.

[132] 江小涓. 跨国投资、市场结构与外商投资企业的竞争行为 [J]. 经济研究, 2002 (9): 31-38.

[133] 贺灿飞. 北京外资制造企业的区位分析 [J]. 地理学报, 2005 (1): 122-130..

[134] 陈新辉. 北京高技术制造业竞争力评价与趋势分析——基于面板数据的因子分析 [J]. 科技管理研究, 2009 (10): 148-150.

[135] 严斌剑, 范金. 中国 CGE 模型宏观闭合的实证检验 [J]. 统计研究, 2009 (2): 80-88.

[136] 冯金华. 一般均衡理论的价值基础 [J]. 经济研究, 2012 (1): 31-41.

[137] 范金, 严斌剑. 随机 CGE 模型研究述评 [J]. 中国管理科学, 2009(5): 183-192..

[138] 李宝瑜, 马克卫. 中国社会核算矩阵编制方法研究 [J]. 统计研究, 2011 (9): 19-24.

[139] 徐卓顺. 可计算一般均衡模型（CGE）：建模原理，参数估计方法与应用研究［D］. 吉林：吉林大学，2009. .

[140] 周建军，王韬. CGE 模型的方程类型选择及其构建［J］. 管理科学，2002（5）：69－74.

[141] 周建军，王韬. 可计算一般均衡（CGE）模型的几个前沿问题［J］. 当代经济科学，2001（5）：72－76.

[142] 陈涛涛. 影响中国外商直接投资溢出效应的行业特征［J］. 中国社会科学，2003（4）：33－43.

[143] 姚洋. 中国工业企业技术效率分析［J］. 经济研究，2001（10）：13－19.

[144] Bain，J. S.，Barriers to New Competition，Cambridge，MA：Harvard University Press，1956.

[145] 乔治·J. 斯蒂格勒. 产业组织和政府管制［M］. 上海：上海人民出版社，1996.

[146] Kindleberger，Charles P.，American Business Abroad：Six Lectures on Direct Investment，New Haven，Yale University Press，1969.

[147] Knickerbocker，F. T.，Oligopolistic Reaction and Multinational Enterprise，Boston，MA：Harvard University，Graduate School of Business Administration，1973.

[148] Vernon，R.，The Location of Economic Activity，in J. Dunning ed.，Economics Analysis and the Multinational Enterprise，New York：Praeger，1974.

[149] Caves，R. E.，Industrial Organization in Dunning ed.，Economic Analysis and the multinational Enterprises，1974.

[150] Dunning，J. H.，Multinational Enterprises：Market Structure，Economic Power and Industrial Policy，Journal of World Trade Law，4，1975.

[151] James R. Markusen Anthony & J. Venables. Foreign direct investment as a catalyst for industrial development［J］. *European Economic Review*1，1999（43）：335－356.

[152] Girvan. Productivity Spillovers from FDI in the Uruguayan Manufacturing sector，Journal of Development Studies，1987（32）：602－611.

[153] Lall，S. Vertical interfirm linkages in LDCs：an empirical study. Oxford Bulletin of

Economics and Statistics, 1980 (42): 203 – 226.

[154] Liu, Z. Foreign direct investment and technology spillover: evidence from China. Journal of Comparative Economics, 2002 (30): 579 – 602 .

[155] Haddad, M. , Harrison, A. Are there positive spillovers from direct foreign investment? Evidence from panel data from Morocco. Journal of Development Economics, 1993 (42): 51 – 74.

[156] Aitken, B. J. , & Harrison, A. E. Do domestic firms benefit from foreign direct investment? Evidence from Venezuela. The American Economic Review, 1999, 89 (3): 605 – 618.

[157] Sasidharan, S. Foreign Direct Investment and Technology Spillovers: Evidence from the Indian Manufacturing Sector, Ssrn Electronic Journal, Vol. 10, No. 1, 2006: 1 – 37.

[158] Javorcik, B. Does foreign direct investment increase the productivity of domestic firms? In search of spillovers through backward linkages. American Economic Review, 2004 (94): 605 – 627.

[159] Glass, A. , Saggi, K. International technology transfer and technology gap. Journal of Development Economics, 1998 (55): 369 – 398.

[160] Miguel D. Ramirez. Is foreign direct investment beneficial for Mexico? An empirical analysis, 1960 – 2001, World Development, Vol. 34, No. 5, 2006 : 802 – 817.

[161] Bruno Merlevede, Koen Schoors and Mariana Spatareanu. FDI Spillovers and Time since Foreign Entry. World Development, 2014 (56): 108 – 126.

[162] Caves, R. Multinational firms, competition and productivity in host country markets. Economica, 1974 (41): 176 – 193.

[163] S Girma, K Wakelin. Regional Underdevelopment: Is FDI the Solution? A Semiparametric Analysis, research paper series, University of Nottingham, 2001.

[164] Mielnik, O. , Goldemberg, J. Foreign direct investment and decoupling between energy and gross domestic production in developing countries, Energy Policy, 2002 (30): 87 – 89.

[165] Sadorsky, P. The impact of financial development on energy consumption in emer-

ging economies, Energy Policy, 2010 (38): 2528 - 2535 .

[166] Lee, J. W. The contribution of foreign direct investment to clean energy use, carbon emissions and economic growth, Energy Policy, Vol. 55, No. 4, 2013 : 483 - 489.

[167] Tang C F. Electricity consumption, income, foreign direct investment, and population in Malaysia: New evidence from multivariateframework analysis, Journal of Economic Studies, Vol. 36, No. 4, 2009 : 371 - 382.

[168] Robert C. Feenstra, Gordon H. Hanson. Foreign direct investment and relative wages: Evidence from Mexico's maquiladoras, Journal of International Economics, 1997 (42): 371 - 393.

[169] Y. Merican, Z. Yusop & Z. M. Noor, et al. Foreign Direct Investment and the Pollution in Five Asian Nations, International Journal of Economics and Management, 2007 (2): 245 - 261.

[170] Mohamed Abdouli, Sami Hammami. Investigating the causality links between environmental quality, foreign direct investment and economic growth in MENA countries, International Business Review, Vol. 26, No. 2, 2017: 264 - 278.

[171] M Blomström. Foreign Investment and Productive Efficiency: The Case of Mexico, Journal of Industrial Economics, Vol. 35, No. 1, 1986 : 97 - 110.

[172] EVA K. Sectoral Linkages of Foreign Direct Investment Firms to the Czech Economy, Research in International Business and Finance, Vol. 19, No. 2, 2006: 251 - 265.

[173] Xiaohui Liu, Chenggang Wang. Does foreign direct investment facilitate technological progress? Evidence from Chinese industries, Research Policy, 2003 (32): 945 - 953.

[174] Francisco García, Byungchae Jin, Robert Salomon. Does inward foreign direct investment improve the innovative performance of local firms? Research Policy, 2013 (42): 231 - 244.

[175] Andreas Waldkirch and Andra Ofosu. Foreign Presence, Spillovers, and Productivity: Evidence from Ghana, World Development, Vol. 38, No. 8, 2010: 1114 - 1126.

[176] Wang, J. Growth, technology transfer, and the long - run theory of international capital movements, Journal of International Economics, 1990 (29): 255 - 271 .

[177] Steve Loris Gui – Diby and Mary – Franc, Oise Renard. Foreign Direct Investment Inflows and the Industrialization of African Countries, World Development, 2015 (74): 43 – 57 .

[178] Bruno Merlevede, Koen Schoors and Mariana Spatareanu. FDI Spillovers and Time since Foreign Entry. World Development, 2014 (56): 108 – 126.

[179] Mohamed Abdouli, Sami Hammami. Investigating the causality links between environmental quality, foreign direct investment and economic growth in MENA countries, International Business Review, Vol. 26, No. 2, 2017: 264 – 278.

[180] Feng Helen Liang. Does foreign direct investment improve the productivity of domesticfirms? Technology spillovers, industry linkages, and firm capabilities, Research Policy, 2017 (46): 138 – 159.

[181] Cheryl Long, Jin Yang and Jing Zhang. Institutional Impact of Foreign Direct Investment in China, World Development, 2015 (66): 31 – 48.

[182] Zhiqiang Liu. Foreign direct investment and technology spillovers: Theory and evidence, Journal of Development Economics, 2008 (85): 176 – 193.

[183] Glass, A. , Saggi, K. International technology transfer and technology gap. Journal of Development Economics, 1998 (55): 369 – 398.

[184] Sadorsky, P. The impact of financial development on energy consumption in emerging economies, Energy Policy, 2010 (38): 2528 – 2535.

[185] Xiaohui Liu, Chenggang Wang. Does foreign direct investment facilitate technological progress? Evidence from Chinese industries, Research Policy, 2003 (32): 945 – 953.

[186] Rodriguez – Clare, A. Multinationals, linkages, and economic development, American Economic Review, Vol. 86, No. 4, 1996: 852 – 873.

[187] Miguel D. Ramirez. Is foreign direct investment beneficial for Mexico? An empirical analysis, 1960 – 2001, World Development, Vol. 34, No. 5, 2006: 802 – 817.

[188] Cheng qi Wang, Ziliang Deng, Mario I. Kafouros, Yan Chen. Reconceptualizing the spillover effects of foreign direct investment: A process – dependent approach, International Business Review, 2012 (21): 452 – 464.

[189] Rashid Sbia. , Muhammad Shahbaz, Helmi Hamdi. A contribution of foreign direct investment, clean energy, trade openness, carbon emissions and economic growth to energy demand in UAE, Economic Modelling, 2014 (36): 191 - 197.

[190] Boone Jan. Competitive pressure: The effects on investments in product and process innovation [J]. Rand Journal of Economics, 2000, 31 (3): 549 - 569.

[191] Kokko A, M Blomstrom. Policies to encourage inflows of technology through foreign multinationals [J]. World Development, 1995, 23 (3): 495 - 468.

[192] Michael Dubin. Foreign acquisitions and the spread of the multinational firm [M]. Great Britain: The Gresham Press, 1980.

[193] Blomstrom M. Multinationals and market structure in Mexico [J]. *World Development*, 1986, 14 (4): 523 - 530.

[194] Javorcik B S. Does foreign direct investment increase the productivity of domestic firms? In search of spillovers through backward linkages [J]. *American Economic Review*, 2004, 94 (3): 605 - 627. .

[195] Aghion P, Harris C, Howitt P, J Vickers. Competition, imitation and growth with step by step innovation [J]. *Review of Economic Studies*, 2001, 68 (3): 467 - 492. .

[196] Tony Kent. Retailing [M]. Palgrave Macmillan Companies, 2003.

[197] Markusen, J. The bounders of multinational enterprises and the theory of international trade [J]. *Journal of Economic Perspectives*, 1995, 9 (2): 169 - 189.

[198] Gereffi, G. International trade and industrial upgrading in the apparel commodity chain [J]. *Journal of International Economics*, 1999, 48 (1): 37 - 70.

[199] Silvente and Francisco Requena. Price discrimination and market power in export markets: the case of the ceramic tile industry [J]. *Journal of Applied Economics*, 2005, (2): 347 - 370.

[200] Mortensen, D. T. , Wright, R. , . Competitive pricing and efficiency in search equilibrium [J]. *International Economic Review*, 2002, 43 (1): 1 - 20.

[201] Mortensen, D. T. ,. Equilibrium unemployment with wage posting: Burdett - Mortensen meet Pissarides. In: Bunzel, H. , et al. (Eds.), Panel Data Structural Labor Market Models [M]. Emerald Group Publishing, 2002.

[202] Wilbur Chung. Mode, size, and location of foreign direct investment and industry Markups [J]. *Ssrn Electronic Journal*, 2001, 45 (2): 185 – 211.

[203] Richard E. Baldwinetal. Multiproduct multinationals and reciprocal FDI dumping, NBER Working Paper No. 6483, 1998. .

[204] Miller, S. M., and Russek, F. S.,. Are the Twin Deficits Really Related? [J]. *Contemporary Economic Policy*, 1989, 7 (4): 91 – 115.

[205] Piersanti, G. Current Account Dynamics and Expected Future Budget Deficits: Some International Evidence [J]. *Journal of International Money and Finance*, 2000, 19 (2): 255 – 171. .

[206] Arndt, S. and Kierzkowski, H. (Eds). Fragmentati on: New Production Patterns in the World Economy [M]. Oxford University Press, 2001.

[207] Liu, Z. Q. Foreign Direct Investment and Technology Spillovers: Theory and Evidence [J]. *Journal of Development Economics*, 2008, 85 (s1 – 2): 176 – 193.

[208] Edward F. Buffie. Direct Foreign Investment, Crowding Out, And Under employment In The Dualistic Economy [J]. *Oxford Economic Papers*, 1993, 45 (4): 639 – 667.

[209] LA. Busch, S. Govindan. Robust nonexistence of equilibrium with incomplete markets [J]. *Journal of Mathematical Economics*, 2004, 40 (6): 641 – 645.

[210] Qiu Y. Personal networks, institutional involvement and foreign direct investment into China's interior [J]. *Economic Geography*, 2005, 81 (3): 261 – 282.

[211] Ho O. Determinants of foreign direct investment in China: a sectoral analysis. In Proceedings of the 16th Annual Conference of the Association for Chinese Economics Studies, 2004.

[189] Rashid Sbia. , Muhammad Shahbaz, Helmi Hamdi. A contribution of foreign direct investment, clean energy, trade openness, carbon emissions and economic growth to energy demand in UAE, Economic Modelling, 2014 (36): 191 – 197.

[190] Boone Jan. Competitive pressure: The effects on investments in product and process innovation [J]. Rand Journal of Economics, 2000, 31 (3): 549 – 569.

[191] Kokko A, M Blomstrom. Policies to encourage inflows of technology through foreign multinationals [J]. World Development, 1995, 23 (3): 495 – 468.

[192] Michael Dubin. Foreign acquisitions and the spread of the multinational firm [M]. Great Britain: The Gresham Press, 1980.

[193] Blomstrom M. Multinationals and market structure in Mexico [J]. *World Development*, 1986, 14 (4): 523 – 530.

[194] Javorcik B S. Does foreign direct investment increase the productivity of domestic firms? In search of spillovers through backward linkages [J]. *American Economic Review*, 2004, 94 (3): 605 – 627. .

[195] Aghion P, Harris C, Howitt P, J Vickers. Competition, imitation and growth with step by step innovation [J]. *Review of Economic Studies*, 2001, 68 (3): 467 – 492. .

[196] Tony Kent. Retailing [M]. Palgrave Macmillan Companies, 2003.

[197] Markusen, J. The bounders of multinational enterprises and the theory of international trade [J]. *Journal of Economic Perspectives*, 1995, 9 (2): 169 – 189.

[198] Gereffi, G. International trade and industrial upgrading in the apparel commodity chain [J]. *Journal of International Economics*, 1999, 48 (1): 37 – 70.

[199] Silvente and Francisco Requena. Price discrimination and market power in export markets: the case of the ceramic tile industry [J]. *Journal of Applied Economics*, 2005, (2): 347 – 370.

[200] Mortensen, D. T. , Wright, R. , . Competitive pricing and efficiency in search equilibrium [J]. *International Economic Review*, 2002, 43 (1): 1 – 20.

[201] Mortensen, D. T. ,. Equilibrium unemployment with wage posting: Burdett – Mortensen meet Pissarides. In: Bunzel, H. , et al. (Eds.), Panel Data Structural Labor Market Models [M]. Emerald Group Publishing, 2002.

[202] Wilbur Chung. Mode, size, and location of foreign direct investment and industry Markups [J]. *Ssrn Electronic Journal*, 2001, 45 (2): 185 -211.

[203] Richard E. Baldwinetal. Multiproduct multinationals and reciprocal FDI dumping, NBER Working Paper No. 6483, 1998. .

[204] Miller, S. M., and Russek, F. S.,. Are the Twin Deficits Really Related? [J]. *Contemporary Economic Policy*, 1989, 7 (4): 91 -115.

[205] Piersanti, G. Current Account Dynamics and Expected Future Budget Deficits: Some International Evidence [J]. *Journal of International Money and Finance*, 2000, 19 (2): 255 -171. .

[206] Arndt, S. and Kierzkowski, H. (Eds). Fragmentati on: New Production Patterns in the World Economy [M]. Oxford University Press, 2001.

[207] Liu, Z. Q. Foreign Direct Investment and Technology Spillovers: Theory and Evidence [J]. *Journal of Development Economics*, 2008, 85 (s1 -2): 176 -193.

[208] Edward F. Buffie. Direct Foreign Investment, Crowding Out, And Under employment In The Dualistic Economy [J]. *Oxford Economic Papers*, 1993, 45 (4): 639 - 667.

[209] LA. Busch, S. Govindan. Robust nonexistence of equilibrium with incomplete markets [J]. *Journal of Mathematical Economics*, 2004, 40 (6): 641 - 645.

[210] Qiu Y. Personal networks, institutional involvement and foreign direct investment into China's interior [J]. *Economic Geography*, 2005, 81 (3): 261 -282.

[211] Ho O. Determinants of foreign direct investment in China: a sectoral analysis. In Proceedings of the 16th Annual Conference of the Association for Chinese Economics Studies, 2004.